C.-W. LEADBEATER

UNE ESQUISSE

DE

LA THÉOSOPHIE

Traduit de l'anglais par F. T. N.

PARIS

PUBLICATIONS THÉOSOPHIQUES

10, RUE SAINT-LAZARE, 10

1903

Une Esquisse de la Théosophie

C.-W. LEADBEATER

———

Une Esquisse

DE

LA THÉOSOPHIE

———

TRADUIT DE L'ANGLAIS PAR F. T. N.

———

PARIS

PUBLICATIONS THÉOSOPHIQUES

10, RUE SAINT-LAZARE, 10

———

1903

ERRATA

Page 14, ligne 2 : le4 déductions *lisez* ies déductions.

Page 22, ligne 10 : aussi bien *lisez* aussi bien,.

Page 61, ligne 29 : s ouvrir *lisez* s'ouvrir.

Page 75, ligne 25 : si grand ; *lisez* si grand,.

AVIS IMPORTANT

Dans le but d'alléger les pages du texte d'un trop grand nombre de notes bibliographiques, nous donnons à la fin du volume (page 91) la liste de tous les ouvrages théosophiques cités par M. Leadbeater. Le lecteur désireux de vérifier les références indiquées par l'auteur ou d'étudier avec plus de détails tel ou tel sujet déterminé, pourra se procurer les ouvrages en langue anglaise à la Theosophical Publishing Society, 3, *Langham Place*, London, W.

Un assez grand nombre de ces livres ayant été traduits en français, soit en volumes distincts, soit dans le Lotus bleu *ou* la Revue théosophique française, *le lecteur trouvera ces traductions à la Librairie des* Publications théosophiques, 10, *rue Saint-Lazare, à* Paris.

LE TRADUCTEUR.

TABLE DES MATIÈRES

Une Esquisse de la Théosophie

CHAPITRE PREMIER

INTRODUCTIF

CE QU'EST LA THÉOSOPHIE

Des siècles durant, les hommes ont discuté, argumenté, multiplié leurs recherches au sujet de certaines grandes vérités primordiales, telles que l'existence et la nature de Dieu, ses rapports avec l'humanité, le passé et l'avenir de celle-ci. Ils ont acquis sur ces points des convictions si radicalement différentes, des croyances qu'ils ont mutuellement attaquées et ridiculisées avec tant d'amertume et d'âpreté, que dans l'esprit des masses il a fini par s'ancrer solidement une opinion des plus simplistes : à savoir que, sur de telles questions, l'on ne peut obtenir aucune certitude et que tout se borne à de vagues théories, à des spéculations nébuleuses, du sein desquelles émerge de temps à autre quelque

déduction fausse, tirée de prémisses mal posées. Et
contre cette opinion des foules n'ont pu prévaloir les
assertions nettes et précises — mais souvent incroyables aussi — des diverses religions positives.

Est-il nécessaire d'affirmer que cette croyance po-
pulaire — que l'on s'explique, d'ailleurs, — est absolument erronée? Il existe des faits précis et certains ;
il en existe beaucoup. La Théosophie nous les présente, mais — au contraire des Religions — elle
nous les présente comme des sujets d'étude et non
comme des articles de foi. Elle n'est point, par
elle-même, une religion ; elle est aux religions ce
que leur étaient les anciennes philosophies. Elle ne
les contredit pas, elle les explique. Elle rejette
comme nécessairement indigne de la Divinité,
comme opposé à la Divinité, ce que l'une ou l'autre
de ces religions peut renfermer d'absurde et de
déraisonnable ; mais ce qu'il y a de raisonnable
dans leur ensemble ou dans l'une quelconque
d'entre elles, la Théosophie le prend, l'explique et
le commente, combinant les vérités particulières
en un tout harmonieux.

Elle affirme que sur tous les points de première
importance on peut connaître la vérité et qu'elle
est, de fait, largement connue. Elle considère toutes
les religions, si différentes qu'elles paraissent, comme
l'expression de vérités identiques, mais envisagées
à des points de vue et sous des aspects différents ;
car en dépit des divergences que l'on relève entre
leurs nomenclatures et leurs articles de foi, toutes

concordent sur les seules questions réellement importantes : le genre de vie que doit mener un honnête homme ; les qualités qu'il lui faut cultiver ; les vices qu'il doit fuir. Sur ces points d'ordre pratique, étudiez l'Hindouisme ou le Bouddhisme, le Zoroastérisme ou le Mahométisme, le Judaïsme ou le Christianisme, et vous découvrirez que leurs enseignements sont identiques.

On peut représenter la Théosophie, à qui ne la connaît aucunement, comme une savante hypothèse cosmogonique. Pour ceux néanmoins qui l'ont étudiée, ce n'est pas une simple théorie ; c'est l'expression de faits positifs. C'est une science précise, que l'on peut creuser comme toute autre science, et ce qu'elle nous apprend est susceptible de vérification expérimentale de la part de quiconque veut bien se donner la peine de s'adapter aux conditions nécessaires. Elle est l'affirmation des grands faits naturels, l'explication de tous ceux que connait la science : elle est enfin la description schématique du coin de monde que nous habitons.

COMMENT ON SAIT CELA.

Comment ce schéma a-t-il été connu ? Qui l'a découvert, demandera-t-on ? Nous ne pouvons dire qu'il ait été découvert, car, en réalité, l'espèce humaine l'a toujours connu, bien que cette connaissance ait pu disparaître momentanément sur certains

points du globe. Il a toujours existé un collège
d'hommes hautement développés — non point d'une
seule nation mais de toutes les nations civilisées —
lesquels ont pleinement possédé cette connaissance;
et toujours ces hommes ont eu des disciples, étu
diant à fond cette vérité sous leur direction, tandis
que les principes généraux en étaient vulgarisés au
dehors. Cette réunion d'hommes hautement développés existe maintenant encore comme autrefois,
et c'est à leur instigation que les enseignements
théosophiques sont donnés au monde occidental
par l'intermédiaire de quelques-uns de leurs disciples.

Ceux qui ne savent rien ont parfois objecté avec
une âpre insistance que, s'il en était ainsi, ces vérités
auraient dû depuis longtemps être publiées, et ils
ont très injustement reproché aux possesseurs d'une
telle connaissance d'avoir par un coupable silence
mis en quelque sorte la lumière sous le boisseau.
Mais ces critiques oublient un point : c'est que quiconque a réellement *cherché* ces vérités a toujours
pu les trouver, et que le monde occidental vient seulement de commencer cette recherche. Pendant des
siècles et des siècles, les Européens, pour la plupart, se sont contentés de vivre dans la plus grossière superstition, et quand à la fin une réaction est
venue les arracher à l'absurdité de leurs croyances
bigotes, cette même réaction a amené une période
d'athéisme aussi absurde et aussi aveugle que les
croyances qu'il avait remplacées.

De sorte qu'en réalité ce n'est pas avant l'époque où nous vivons en ce moment que quelques hommes parmi les plus modestes et aussi les plus sages ont commencé à se rendre compte qu'ils ne savaient rien et à se demander si tout de même on ne pourrait pas apprendre quelque chose.

Bien que ces chercheurs raisonnables ne soient encore qu'une petite minorité, la Société théosophique a été fondée dans le but de les réunir, et ses livres sont publiés pour que tout homme qui le désire puisse lire, noter, apprendre et s'assimiler ces grandes vérités. La mission de la Société théosophique n'est point d'inculquer de force sa doctrine à des esprits rebelles, mais de l'offrir simplement, de façon que puisse la prendre quiconque en éprouvera le besoin. Nous ne subissons nullement l'illusion du missionnaire dont la triste arrogance ose condamner à une éternité de peines tout homme qui ne prononce pas son petit symbole particulier. Nous savons parfaitement qu'à la fin tout ira bien pour ceux-là mêmes qui maintenant croient impossible d'admettre la vérité; oui, aussi bien pour ces hommes que pour ceux qui la reçoivent avec avidité. Mais, pour nous et pour des milliers de nos semblables, la connaissance de cette vérité a rendu la vie plus facile à supporter et la mort plus douce à envisager, et c'est le simple désir de faire profiter nos frères de tels avantages qui nous pousse à écrire et à parler sur de tels sujets.

Depuis des milliers d'années, les vérités princi-

pales de la grande doctrine ont été connues sur
presque toute la surface du globe. Elles le sont
encore. Nous seuls, Occidentaux, dans notre incroyable suffisance, nous avons persisté à les igno-
rer, éclatant même d'un rire méprisant chaque fois
qu'une parcelle de ces vérités venait à se présenter
sur notre chemin. Dans la science de l'âme comme
dans toutes les autres sciences, les notions les plus
circonstanciées ne sont possédées que par les chercheurs qui consacrent leur vie à cette branche particulière. Les hommes qui ont ici la pleine connaissance — ceux que l'on appelle des Adeptes — ces
hommes ont, avec patience, développé en eux-mêmes
les facultés nécessaires à de parfaites observations.
Il y a donc à ce point de vue une différence entre
les méthodes de l'investigation dite occulte et les
procédés applicables aux formes plus modernes de
la science. Celle-ci voue toute son énergie au perfec-
tionnement de ses appareils, tandis que la méthode
occulte vise plutôt au développement de l'observa-
teur lui-même.

LA MÉTHODE D'OBSERVATION

Détailler ce développement réclamerait plus
d'espace qu'il ne peut en être accordé à cette question dans un manuel élémentaire comme celui-ci.
On trouvera dans d'autres ouvrages théosophiques
le schéma complet de ce développement. Pour la

minute, qu'il me suffise de dire que c'est entièrement une question de vibrations. Nous n'acquérons
aucune connaissance du monde extérieur qu'au
moyen de vibrations d'une espèce ou d'une autre,
qu'elles agissent sur notre vue, notre oreille ou
notre toucher. Si donc un homme parvient à se
rendre sensible à des vibrations supplémentaires,
il acquerra un supplément de perceptions extérieures ; il deviendra par exemple ce que l'on
appelle communément « un clairvoyant ».

Ce mot de « clairvoyance », dans son acception
usuelle, n'exprime rien de plus qu'une légère ex-
tension de la vision normale ; mais l'homme peut
devenir de plus en plus réceptif pour des vibrations
de plus en plus subtiles, jusqu'à ce que sa conscience, s'appuyant sur mainte faculté nouvelle-
ment développée, finisse par suivre librement des
routes nouvelles aussi et plus hautes. Alors, il
voit s'ouvrir devant lui ce qu'il prend pour des
mondes d'une matière plus subtile et ce qui n'est
en réalité que des régions nouvelles de ce même
monde dont nous connaissons déjà quelques terri-
toires. Il apprend de la sorte que, toute sa vie durant, un vaste univers *imperçu* l'enveloppe et
l'affecte constamment de mille manières, même
quand il reste aveuglément inconscient de cet
univers. Mais lorsqu'il développe les facultés par
lesquelles il peut entrer en contact avec ces mondes
nouveaux, il lui devient possible de les observer
scientifiquement, de répéter souvent ses observa-

tions, de les comparer avec celles d'autres hommes,
de les cataloguer et d'en tirer les déductions qu'elles
comportent.

Tout cela a été fait, non pas une fois mais
des milliers de fois. — Les Adeptes dont j'ai parlé
ont consacré tous leurs efforts à cette œuvre, et nos
propres chercheurs de la Société théosophique ont
aussi dirigé les leurs vers le même but. Grâce à nos
investigations, nous avons pu non seulement vérifier un grand nombre des renseignements qui nous
avaient été donnés par les maîtres au début, mais
encore en expliquer et en compléter beaucoup.

La contemplation de cette partie habituellement
invisible de notre monde porte tout d'abord à notre
connaissance un vaste ensemble de faits entièrement
nouveaux et du plus grand intérêt. Elle nous donne
graduellement la solution des problèmes les plus
difficiles de la vie ; elle éclaircit bien des mystères ;
elle nous fait comprendre précisément pourquoi ils
nous paraissaient des mystères jusqu'alors : c'est
parce que nous ne voyions qu'une petite partie des
faits ; c'est parce que, au lieu de nous élever au-
dessus d'eux pour en embrasser l'harmonieux ensemble, nous les regardions d'en bas et qu'alors ils
nous semblaient incohérents et en quelque sorte
dissociés. Oui, la Théosophie, en un instant, tranche
un grand nombre de ces questions qui ont été le
plus discutées, celle, par exemple, de la continuité
de l'existence humaine après la mort. Elle nous
fournit la véritable explication de tout ce que les

différentes Eglises nous affirment de si impossible au sujet du ciel, de l'enfer, du purgatoire. Enfin, elle éclaire notre ignorance et dissipe notre crainte de l'inconnu en nous donnant de l'univers entier une notion rationnelle et claire que je vais essayer maintenant de vous faire connaître.

CHAPITRE II

Mon vif désir est de vous donner de la Théosophie une idée aussi claire et aussi facilement compréhensible que je pourrai le faire. Aussi, je n'énoncerai, sur chaque point particulier, que les principes généraux seulement. Les lecteurs, s'ils souhaitent un complément d'informations, voudront bien se reporter à des ouvrages plus importants et aux monographies qui ont été écrites sur chaque sujet spécial. Je donnerai à la fin des chapitres de ce petit traité une liste de ces ouvrages qu'auraient à consulter les personnes désireuses d'approfondir un système aussi attrayant.

Je commencerai donc par le simple énoncé de ce qu'il y a de plus frappant dans les principes généraux que permet d'établir l'étude de la Théosophie. Certains lecteurs pourront trouver ici des assertions qui leur paraîtront incroyables, absolument opposées à leurs idées préconçues. Qu'ils veuillent bien se rappeler que ce que je leur expose, je ne le leur soumets pas comme une simple théorie, comme une spéculation métaphysique ou une opinion religieuse qui me serait propre, mais comme un ensemble de faits scientifiques prouvés et analysés mainte et mainte fois, non seulement par moi mais par bien d'autres personnes encore.

Je proclame de plus que cet ensemble de faits peut être vérifié directement par quiconque aura la volonté de consacrer de son temps et de sa peine ce qu'il en faut pour s'adapter à cette recherche. Je n'offre pas à mon lecteur un *Credo* qu'il devra avaler comme une pilule ; j'essaie de placer devant ses yeux un système qu'il étudiera et, mieux encore, de lui dire comment il doit vivre. Je ne réclame de lui nulle foi aveugle. Je lui demande simplement de considérer la Théosophie comme il considérerait une autre hypothèse, bien que pour moi elle ne soit point une hypothèse mais la plus vivante des réalités.

Cette prétendue hypothèse, s'il la trouve plus satisfaisante qu'aucune de celles qui lui ont été soumises jusqu'à ce jour, si elle lui parait résoudre un plus grand nombre des problèmes de la vie, répondre à un plus grand nombre des questions qui, nécessairement, se dressent devant le penseur, eh bien ! alors il en approfondira davantage l'étude et il y trouvera, je l'espère et je le crois, la satisfaction toujours grandissante et la joie intérieure que j'y ai moi-même trouvées. Si, au contraire, il juge préférable quelque autre système, il n'y a pas de mal de fait : il a simplement appris quelque chose des

croyances d'une société d'hommes avec lesquels,
pour le moment, il ne saurait s'accorder ; mais j'ai,
en ce qui me concerne, assez de foi en ces croyances
pour être sûr que tôt ou tard sonnera l'heure où *il
les partagera*, quand il saura, lui aussi, ce que nous
savons.

LES TROIS GRANDES VÉRITÉS

Il est écrit dans un de nos premiers ouvrages
théosophiques, qu'il existe trois vérités absolues et
qui ne peuvent jamais disparaître complètement;
mais qu'à de certaines époques cependant, ces vérités subissent comme une sorte d'obscuration,
parce que personne ne prend souci de les pro-
clamer. Ces vérités primordiales sont aussi vastes,
aussi sublimes que la vie elle-même et nonobstant
aussi simples que l'esprit de l'homme le plus simple.
Je ne saurais mieux faire que de les citer comme
les plus grands des principes généraux que je dois
vous exposer.

Ensuite, je vous soumettrai quelques corollaires
qui découlent nécessairement de ces vérités pre-
mières, et en troisième lieu je vous énumérerai quelques-uns des avantages qui résultent non moins
nécessairement de ces connaissances précises. Enfin,
après avoir esquissé ainsi, de façon schématique, les
grandes lignes de mon sujet, je les reprendrai une
à une et je m'efforcerai de vous offrir toutes les

explications élémentaires que peut comporter ce
petit livre à l'usage des commençants.

1. Dieu existe et Il est bon. Il est le grand *dispen-*
sateur de vie qui habite en nous et hors de nous. Il
est immortel et éternellement bienfaisant. Il ne peut
être ni entendu, ni vu, ni touché, et pourtant le per-
çoit qui désire le percevoir.

2. L'homme est immortel. La gloire et la splendeur de son avenir n'ont point de limites.

3. Une loi divine de justice absolue gouverne le
monde de telle sorte que chaque homme est en réalité son propre juge, l'arbitre de sa propre vie, se
dispensant à soi-même gloire ou obscurité, récompense ou châtiment.

COROLLAIRES

A chacune de ces grandes vérités se relient quelques autres vérités subsidiaires qui les expliquent.

De la première on peut déduire celles-ci :

1. En dépit des apparences, toutes choses se com-
binent avec intelligence et précision pour le bien ;
tous les événements, si fâcheux qu'ils puissent paraître, se produisent en réalité exactement comme
ils doivent se produire. Notre ambiance tout entière
tend à nous aider, non à nous entraver ; mais il faut
le comprendre.

2. Puisque le plan entier de l'univers est de favo-

riser le progrès humain, le devoir des hommes est
évidemment d'apprendre à connaître ce plan.

3. L'homme qui est parvenu à comprendre ce
plan a aussi pour devoir d'y coopérer avec intelligence.

De la seconde grande vérité, on peut déduire
celles-ci :

1. L'homme véritable est une âme dont le corps
n'est qu'une annexe.

2. L'homme doit donc se placer au point de vue
de l'âme pour envisager toutes choses, et chaque
fois qu'un conflit s'élèvera dans son moi, l'homme
vrai devra s'identifier avec la portion la plus élevée
de son être et non avec l'autre.

3. Ce que nous appelons communément la vie de
l'homme n'est qu'un des jours de cette vie plus
étendue qui est la véritable.

4. La mort est une question de bien moins d'importance qu'on ne le croit habituellement ; en effet,
elle n'est pas le terme de la vie, mais seulement le
passage d'un échelon de cette vie à un autre échelon.

5. L'homme a derrière lui, dans son passé, une
immense évolution dont l'étude est excessivement
attrayante, captivante et instructive.

6. Il a également devant lui, dans son avenir, une
admirable évolution dont l'étude est plus attrayante
et plus instructive encore.

7. Il est absolument certain que l'âme humaine
finira par atteindre le but qui lui est fixé, si loin

qu'elle puisse sembler s'être écartée du chemin de
l'évolution.

De la troisième grande vérité, on peut déduire
celles-ci :

1. Chaque pensée, chaque parole, chaque action
produit un résultat défini, résultat qui n'est point
une récompense ou une punition extérieures en
quelque sorte, mais une conséquence forcée de l'acte
lui-même, ayant avec lui une relation d'effet à cause,
cette cause et cet effet n'étant en réalité que deux
parties inséparables d'un tout complet.

2. Il est à la fois du devoir et de l'intérêt des
hommes d'étudier à fond cette loi divine, afin de
pouvoir s'y conformer et s'en servir comme on en
use avec les autres grandes lois de la nature.

3. Il est nécessaire que l'homme se rende absolument maître de lui-même, afin de pouvoir gouverner sa vie avec intelligence et conformément à la loi
divine.

AVANTAGES QUE L'ON RETIRE DE CETTE CONNAISSANCE

Cette connaissance, lorsqu'on se l'est pleinement
assimilée, change la face de la vie si complètement
qu'il me serait impossible d'énumérer tous les avantages qu'elle procure. Je ne mentionnerai qu'un
petit nombre des directions principales suivant lesquelles le changement se manifeste, et mes lecteurs

sans doute, pour peu qu'ils veuillent réfléchir, ne
manqueront pas d'apercevoir quelques-unes des in-
nombrables ramifications qui naissent de ces lignes
générales.

Qu'il soit bien entendu cependant que ce n'est
point une connaissance vague et indéterminée qui
pourra produire ces changements. Une croyance
analogue à celle que la plupart des hommes profes-
sent pour les dogmes de leurs religions respectives,
serait absolument inefficace puisque, aussi bien
de telles croyances ne modifient en rien la manière
de vivre. Mais si nous croyons à ces grandes vérités
comme nous croyons aux autres lois de la nature,
comme nous croyons, par exemple, que le feu brûle
et que l'eau noie, alors l'effet produit sur notre vie
devient immense. Car la foi que nous avons en la
constance des lois de la nature nous force à conformer nos actes à ces lois. Croyant que le feu brûle,
nous prenons toutes les précautions nécessaires
pour éviter le feu, et croyant que l'eau noie, nous
évitons de perdre pied quand nous ne savons pas
nager.

Mais ces croyances particulières ne sont aussi
précises et effectives que parce qu'elles sont fondées
sur une connaissance que vient confirmer l'expérience journalière. Or, pour la même raison, les
croyances de celui qui étudie la théosophie ne sont
pour lui ni moins réelles ni moins précises. Et c'est
pourquoi nous découvrons que, de ces croyances
théosophiques, découlent les avantages suivants :

1. Nous parvenons à comprendre la raison d'être de la vie ; nous apprenons comment et pourquoi nous devons vivre et nous savons alors que la vie, quand on la comprend bien, vaut la peine d'être vécue.

2. Nous apprenons à nous gouverner nous-mêmes, et par suite à nous développer.

3. Nous apprenons la meilleure manière d'aider ceux que nous aimons, de nous rendre utiles à qui nous touche, d'abord, et ensuite à la race humaine tout entière.

4. Nous apprenons à envisager toujours les choses du point de vue philosophique le plus élevé, et jamais du point de vue infime de la simple personnalité.

Conséquemment :

5. Les peines de la vie cessent de nous paraître aussi grandes.

6. Les événements qui se produisent autour de nous, comme aussi notre propre destinée, cessent de nous paraître injustes.

7. Nous sommes libérés de la crainte de la mort.

8. La douleur que fait naître en nous la mort de ceux que nous aimons se trouve largement atténuée.

9. Nous acquérons des vues tout à fait différentes sur la vie qui succède à la mort, et nous comprenons le rôle de celle-ci dans notre évolution.

10. Nous sommes affranchis de tous soucis ou tourments d'ordre religieux, aussi bien en ce qui nous concerne qu'en ce qui concerne nos amis, —

des craintes relatives au salut de l'âme, par exemple.

11. Toute anxiété cesse pour nous au sujet de notre sort futur, et nous vivons dans la paix et la sérénité les plus parfaites.

Nous allons maintenant reprendre ces différents points en détail et nous efforcer de les expliquer brièvement.

CHAPITRE III

LA DIVINITÉ

Puisque nous déclarons que l'existence de Dieu est le premier et le plus grand de nos principes, il nous faut définir le sens que nous attachons à ce mot *Dieu*, dont on a tant abusé, et qui est demeuré si grand. Nous essaierons d'abord de le dégager des étroites limites dont l'entoura l'ignorance d'hommes peu développés et de lui restituer le sens admirable — quoique infiniment inférieur à la réalité — que lui attribuèrent les fondateurs des Religions. Et pour cela nous distinguerons entre Dieu, Existence Infinie, d'une part, et d'autre part la manifestation de cette Suprême Existence par un Dieu révélé, développant et guidant un Univers. Ce n'est qu'à cette manifestation déjà limitée que l'on appliquera le mot : un Dieu personnel. Dieu en Lui-même est au delà des bornes de toute personnalité ; il est « dans tout et à travers tout. » En réalité, *il est* tout ; et de l'Infini, de l'Absolu, du Tout, nous pouvons seulement dire : « Il est. »

Mais pour tous les besoins de la pratique, il est

inutile que nous montions plus haut que cette admirable et glorieuse manifestation de *Lui*, qui est la grande Force rectrice ou Déité de notre système solaire et que les philosophes ont appelée *le Logos* (la conception du Logos étant un peu moins complètement au-dessus de notre intelligence que celle de l'Absolu lui-même). Du Logos est vrai tout ce que nous avons entendu dire de Dieu (en bien, naturellement, car il ne saurait être question ici des conceptions blasphématoires qui ont affublé parfois la Divinité de tous les vices humains). Mais tout ce qui a jamais été dit de l'amour, de la sagesse, du pouvoir suprême, de la patience et de la miséricorde de Dieu, de son omniscience, de son omniprésence, etc., tout cela est vrai du Logos de notre système. C'est bien véritablement « en Lui que nous vivons, que nous nous mouvons et que nous agissons », et (si étrange que cela puisse paraître), ce n'est pas là une expression poétique, c'est un fait scientifique et précis ; quand donc nous parlons de la Divinité, notre première pensée doit se porter naturellement vers le Logos.

Nous n'avons pas l'espérance vague que peut-être Il existe ; j'ajouterai que même notre croyance en son existence n'a point les caractères de ce que l'on nomme un article de foi ; nous connaissons simplement qu'il existe comme nous connaissons que le soleil brille, car pour tout chercheur dont la clairvoyance a été développée par l'exercice, cette Puissante Existence devient une certitude absolue. Non

pas qu'à aucun degré d'une évolution purement
humaine nous puissions Le voir directement, non
certes, mais l'évidence indéniable de son action et
de ses volontés nous assiège et s'impose à nous dès
que nous nous attachons à l'étude de ce monde invisible, qui n'est, en réalité, que la partie la plus
élevée du monde que nous connaissons norma-
lement.

Ici, nous avons à expliquer un dogme qui est
commun à toutes les religions : celui de la Trinité.
Si incompréhensible que puisse paraître à un lecteur ordinaire mainte affirmation de nos symboles
sur ce point, il faut reconnaître que ces affirmations
deviennent significatives et lumineuses dès que l'on
en comprend le sens vrai. Tel qu'il se montre à
nous dans son œuvre, le Logos solaire est indubitablement triple — et un, cependant, ainsi que depuis
longtemps les religions nous l'ont enseigné ; — et
dans les livres que je mentionnerai ici, on trouvera
l'explication de cet apparent mystère, pour autant
que l'intelligence humaine à notre présent degré
d'évolution peut le pénétrer.

Que Dieu soit en nous aussi bien que hors de
nous, en d'autres termes que l'homme lui-même soit
d'essence divine, voilà une autre grande vérité. La
plupart des hommes, aveugles pour tout ce qui
n'est pas le monde extérieur le plus grossier, pourront la discuter ; mais pour qui étudie le côté sublime de la vie, cette vérité se présente comme une
certitude absolue. Il sera traité de la constitution de

l'homme et de ses différents véhicules dans le paragraphe consacré à la seconde des grandes vérités.
Qu'il me suffise d'indiquer ici que du fait de notre
essence divine résulte pour nous l'assurance que
tout être humain tôt ou tard finira par revenir au
niveau de la Divinité.

LE PLAN DIVIN

Nul de nos postulats peut-être ne sera admis plus
difficilement par les esprits de moyenne envergure
que le premier corollaire de la première grande
vérité. Quand nous passons en revue les événements
de la vie quotidienne, nous apercevons tant de tempêtes et d'orages, tant de tristesses et de souffrances, que nous sommes tentés de croire d'abord
au triomphe du mal sur le bien. Il semble presque
impossible que tant d'apparent désordre fasse partie
réellement d'une évolution sagement réglée. Et
pourtant c'est la vérité ! Et c'est une vérité dont on
peut se convaincre facilement. Il suffit pour cela de
sortir du nuage de poussière que soulève notre
lutte acharnée contre le monde extérieur et d'examiner toutes choses de la plate-forme qui nous est
fournie par une connaissance plus complète et par
la paix intérieure.
Alors le mouvement véritable de cette machinerie
compliquée devient apparent. On avait cru que les
contre-courants du mal prévalaient contre le fleuve

du progrès, et l'on voit que ces contre-courants ne
sont en somme que des remous insignifiants, de
légers tourbillons de surface où quelques gouttes
d'eau semblent remonter vers la source de la puissante rivière. Mais celle-ci, en dépit des apparences,
continue paisiblement sa course vers le but qui lui
est assigné, emportant avec elle remous et tourbillons. Ainsi le grand courant de l'évolution suit
obstinément sa voie, et ce que nous prenons pour de
terribles tempêtes n'est qu'une légère ondulation de
sa surface. M. C.-H. Hinton dans ses *Scientific
Romances* (vol. 1, pp. 18 et 24) développe admirablement une autre analogie, à l'appui de cette
vérité.

Par le fait, — notre troisième grande vérité nous
l'enseigne, — une justice absolue intervient en toutes
choses, et de la sorte, avec quelques circonstances
qu'un homme se trouve aux prises, il doit savoir
que lui seul et point un autre se les est créées ; mais
ce n'est pas tout : il peut avoir aussi la ferme confiance que, sous l'action des lois de l'évolution,
toutes choses sont arrangées de façon à lui assurer
les meilleurs moyens de développer en lui-même les
qualités dont il a le plus besoin. Il se peut très bien
sans doute, que la position qui lui est faite ne soit
pas celle qu'il eût choisie pour lui-même ; mais elle
est exactement ce qu'il a mérité qu'elle soit, et, sous
la réserve précisément de ce qu'il a mérité (et qui
impose fréquemment de réelles difficultés), elle est
la mieux appropriée aux progrès qu'il doit faire. La

vie peut amener cet homme devant des obstacles
de toute nature ; mais, ces obstacles n'ont qu'un but :
lui apprendre à les surmonter et à développer par
conséquent en lui-même le courage, la décision, la
patience, la persévérance, en un mot toutes les qualités qui lui manquent. Les hommes, bien souvent,
parlent des forces de la Nature comme si elles
conspiraient toutes contre lui. En réalité, s'ils vou-
laient bien y réfléchir, ils comprendraient qu'au
contraire tout est soigneusement calculé pour leur
venir en aide dans leur ascension progressive.

Puis donc que le plan divin existe bien réellement, le rôle de l'homme est d'essayer de comprendre ce plan ; une telle proposition n'a pas besoin d'être prouvée. Ne s'agirait-il que d'une question d'intérêt personnel, quiconque vit sous l'influence de certaines conditions ne saurait mieux
faire que de se familiariser avec elles. Mais au moment où l'homme cesse d'obéir à des considérations
égoïstes, son devoir est encore plus nettement tracé :
il doit se pénétrer du plan divin, dans le but d'y
coopérer plus efficacement.

Indubitablement il entre dans ce plan divin que
l'homme y coopère avec intelligence aussitôt qu'il
est assez développé intellectuellement pour le comprendre et assez évolué moralement pour souhaiter
de venir en aide au monde. Mais en vérité ce plan
divin est si merveilleux et si beau que dès qu'un
homme a pu le contempler une fois, il ne lui est plus
possible de ne pas consacrer toutes ses énergies à

l'effort par lequel on devient un ouvrier de Dieu, si infime que soit la besogne dont il sera chargé.

Pour plus de détails sur les sujets effleurés dans ce chapitre, le lecteur pourra consulter *Esoteric Christianity* et *Ancient Wisdom* de Mrs. Besant, ainsi que mon petit livre *The Christian Creed*. M. Mead a aussi jeté beaucoup de lumière sur ces questions dans deux ouvrages dont l'un : *Orpheus*, les considère au point de vue grec, et l'autre : *Fragments of a Faith Forgotten*, au point de vue gnostique-chrétien.

UNE LEÇON DE LA VIE

J'apprends à mesure que j'avance dans ma vie
Et que mes yeux voient plus clair, j'apprends
Que sous chaque apparent désordre
Rampe la racine de justice ;
Qu'à chaque douleur, il est un but
Que bien souvent ne peut deviner celui qui souffre ;
Que, aussi sûr que l'aurore naît avec le soleil,
Tout ce qui est, est pour le mieux.

Je sais que toute action coupable
— Aussi vrai que la nuit amène l'ombre —
Quelque part, quelque jour est punie
Si long que soit le délai du châtiment.
Je sais que l'âme est aidée
Quelquefois par la torture du cœur
Et que, pour grandir, souvent il lui faut souffrir.
Mais tout ce qui est, est pour le mieux.

Je sais qu'on ne peut trouver nulle erreur
Dans le vaste plan éternel
Et que toute créature collabore
Au bien final de l'humanité.
Et je sais que lorsque mon âme montera plus haut
Continuant sa grande enquête éternelle,
Je dirai, en regardant en arrière sur notre globe :
Tout ce qui est, est pour le mieux.

(Poésie anonyme publiée par un journal américain.)

CHAPITRE IV

LE COMPOSÉ HUMAIN

L'extraordinaire matérialisme pratique auquel l'Europe a été livrée ne peut guère mieux être démontré que par les locutions mêmes que nous employons dans la vie quotidienne. C'est avec un naturel parfait que nous déclarons communément : l'homme *a* une âme ; nous devons *sauver* notre âme, etc., etc., et cela comme si l'homme véritable, l'homme réel résidait essentiellement dans le corps physique, l'âme n'étant qu'une simple annexe, un vague quelque chose appartenant en propre au corps et dépendant de lui.

Avec une telle idée, dont l'extrême inexactitude s'affirme jusque dans la langue, il serait difficile de s'étonner que certaines gens aillent un peu plus loin dans la même voie et se demandent par exemple si ce vague quelque chose que l'on appelle l'âme existe bien réellement.

Et de cela il résulte que bien souvent le commun des mortels ne sait absolument pas s'il a ou non une âme et, a fortiori, si cette âme est immortelle.

3

Mais ce qu'il y a d'extraordinaire, c'est que l'humanité puisse demeurer dans cette pitoyable ignorance, car une foule de preuves (que fournit même le monde extérieur) démontrent péremptoirement que l'homme a un mode d'existence absolument indépendant de la vie de son corps; une vie particulière qui peut se manifester à une certaine distance du corps charnel, avant la mort; et qui, après celle-ci, se sépare entièrement du cadavre.

Tant que nous ne nous serons pas débarrassés de l'incroyable illusion que nous subissons en nous figurant que notre corps, c'est nous, il nous sera impossible de raisonner sainement sur ces questions. Mais un peu de réflexion nous montrera tout de suite que notre corps n'est qu'un véhicule, un organe, au moyen duquel nous pouvons entrer en contact, entrer en relations avec ce type particulier de matière grossière dont est constitué le monde visible.

Un peu de réflexion nous démontre encore l'existence d'autres types de matière et la réalité non seulement de cette matière ténue que sous le nom d'*éther* la science moderne veut bien admettre en affirmant que toutes les substances connues en sont interpénétrées, mais de matières plus subtiles encore que l'éther et qui l'interpénètrent à leur tour comme celui-ci fait les autres corps, l'emportant sur l'éther en ténuité autant que celui-ci l'emporte sur les corps solides.

Ici, le lecteur se demandera naturellement co m

ment l'homme pourra jamais connaître ces variétés
si merveilleusement subtiles et déliées de la matière.
Il les connaîtra exactement comme il en connaît
actuellement les formes grossières, c'est-à-dire en
percevant les vibrations qu'elles émettent. Et il lui
sera possible de percevoir ces vibrations par le fait
même qu'il possède en lui de la matière de ces
variétés subtiles ; or, de même que son corps physique est l'organe au moyen duquel il communique
soit activement, soit passivement avec le monde
physique ; ainsi les particules de matière subtile
qu'il renferme lui constituent un organe capable de
le mettre en communication avec ce monde de
matière subtile que ne saurait percevoir la grossiè-
reté des sens physiques ordinaires.

Et cela n'est point du tout une idée nouvelle.
Saint Paul fait observer — que l'on s'en souvienne
— qu' « il y a un corps *charnel* et qu'il y a un corps
spirituel » : il parle en outre de l'*âme* de l'homme
et de son *esprit*, et ce sont là deux mots qu'il n'em-
ploie pas du tout comme des synonymes, bien que
de nos jours on l'affirme souvent avec une incroyable
ignorance. Il devient donc évident que la constitution de l'homme est de beaucoup plus complexe
qu'on ne le croit ordinairement. Non seulement il
est un esprit dans une âme, mais cette âme elle-
même qu'*informe l'esprit* comporte plusieurs véhicules de densité croissante, dont le corps physique
n'est que le dernier et le plus matériel. Tous ces
véhicules divers peuvent être appelés des *corps*

si on les considère par rapport aux plans spéciaux
de matière auxquels ils appartiennent. On peut dire
en effet qu'il existe autour de nous une série de
mondes qui s'emboîtent en quelque sorte l'un dans
l'autre par interpénétration, et l'homme possède un
corps de même nature que chacun de ces mondes,
corps par lequel il peut communiquer avec ce
monde et vivre dans ce monde.

Par degrés, l'homme apprend à utiliser ces différents corps qu'il possède, ce qui lui permet d'acquérir
progressivement une notion de plus en plus complète
de l'univers vaste et compliqué dans lequel il vit, car
tous ces autres mondes plus subtils font en somme
partie intégrante de notre Cosmos. L'homme arrive
donc à comprendre de la sorte bien des choses qui
auparavant lui paraissaient mystérieuses ; il cesse de
s'identifier avec ses corps, s'apercevant qu'ils ne sont
que vêtements qu'il peut endosser, quitter ou changer
sans changer lui-même en quoi que ce soit. Faut-il
répéter une fois de plus que ce ne sont point là des
spéculations métaphysiques ni de pieuses croyances ?
Ce sont des faits scientifiques précis, exactement
et expérimentalement connus de quiconque a étudié
la Théosophie. Plusieurs trouveront étrange d'en-
tendre, sur de telles questions, substituer des affirmations péremptoires aux ordinaires hypothèses ;
mais je ne parle ici de rien qui ne soit connu d'un
grand nombre de chercheurs qui l'ont appris par
de nombreuses expériences directes, maintes fois
répétées. A coup sûr « nous savons ce dont nous

parlons », nous le savons non par ouï-dire, mais par expérience. Aussi parlons-nous avec confiance.

A ces mondes qui s'interpénètrent, à ces différents degrés de matérialité que nous présente la nature nous donnons le nom de *plans*. Nous appelons « plan physique » le monde visible, y compris les gaz et les différentes classes de l'éther. Au degré de matérialité qui vient tout de suite après ce plan physique, les alchimistes du moyen âge (qui en connaissaient bien l'existence) ont donné le nom de « plan astral ». Nous avons conservé cette désignation. Mais au delà du plan astral, il existe un monde pétri, si j'ose dire, d'une matière plus subtile encore et que nous appelons le « plan mental » parce que c'est de cette matière qu'est constitué ce que nous appelons le « mental » de l'homme.

Enfin, il existe des plans plus élevés que le plan mental lui-même, mais je n'ai pas besoin d'embrouiller le lecteur en les lui mentionnant, puisque nous ne nous occupons, pour le moment, que des manifestations du composé humain dans les mondes inférieurs.

Ce qu'il ne faut pas perdre de vue, c'est que ces différents mondes, *dans l'espace*, ne sont pas plus éloignés de nous les uns que les autres. En réalité, ils occupent tous exactement la même place, nous enveloppant, nous pénétrant tous et toujours également. Pour l'heure, notre conscience est équilibrée, localisée, dans notre cerveau physique ; c'est là son organe du moment, et il résulte de ce fait que *nous*

n'avons conscience que du monde physique, et même
d'une partie seulement de ce monde physique. Mais
il nous suffit d'apprendre à localiser, à concentrer
notre conscience dans l'un des véhicules supérieurs ;
aussitôt les objets physiques s'évanouissent à notre
vue et nous percevons à leur place le monde constitué par la matière qui correspond au nouveau
véhicule employé.

Souvenez-vous que toute matière est substantiel-
lement la même. La différence entre la matière
astrale et la matière physique n'est pas plus essen-
tielle que la différence entre la glace et la vapeur.
C'est tout simplement la même chose qui nous est
présentée dans des conditions différentes. La matière physique peut être transformée en matière
astrale ; la matière astrale en matière mentale : il
suffit pour cela de la subdiviser assez et de lui communiquer le mouvement vibratoire correspondant,
comme rapidité, à ces différents états.

L'HOMME VÉRITABLE

Qu'est-ce donc que l'homme véritable? L'homme
véritable est réellement une émanation du Logos,
une étincelle du Feu divin. L'Esprit qui est en lui
est de l'essence même de la Divinité, et cet esprit
porte son âme comme on porte un vêtement ; c'est
un vêtement qui l'entoure et l'individualise, et qui
semble, à notre faible vue, le séparer pour un temps

du reste de la Vie Divine. L'histoire de la formation
première de l'âme humaine, de *l'enrobement* de l'Esprit dans cette âme, est une admirable et intéres-
sante histoire, mais qu'il serait trop long de conter
dans un ouvrage aussi élémentaire que celui-ci. On
la trouvera, pleinement développée, dans ceux de
nos livres qui ont pris pour objet cette partie de la
Doctrine. Qu'il suffise de dire ici que les trois aspects de la Vie Divine ont leur rôle dans cette intus-
susception, et que la formation de l'âme humaine
constitue en quelque sorte le point culminant de ce
grand sacrifice du Logos descendant dans la matière, que l'on a appelé l'Incarnation.

Voici donc née l'âme-enfant, et, précisément de
même qu'elle a été « faite à l'image de Dieu », triple
dans son aspect comme Dieu lui-même, et, comme
lui aussi, triple en sa manifestation, ainsi son processus évolutif sera-t-il la contre-partie de sa des-
cente dans la matière. L'Étincelle Divine porte en
soi toutes les potentialités ; mais il lui faudra évo-
luer durant des âges et des âges avant de les pouvoir mettre en valeur. La méthode prévue pour le
développement des qualités latentes de l'homme
semble être qu'il apprenne à répondre aux vibrations
extérieures en vibrant synchroniquement avec elles.
Mais, au niveau où se trouve l'homme vrai (c'est-à-
dire sur le plan mental supérieur), les vibrations
sont beaucoup trop ténues pour obtenir dès à présent une telle réponse. L'homme commence par ne
percevoir que des mouvements plus forts et plus

grossiers, et c'est en éveillant avec leur aide sa sensibilité assoupie qu'il devient graduellement de plus en plus *sensitif*, jusqu'à ce qu'il finisse par répondre parfaitement sur tous les plans à toutes sortes de vibrations.

Tel est donc l'aspect matériel du progrès humain ; mais, au point de vue subjectif, l'homme qui peut répondre à toutes les vibrations doit forcément posséder dans sa plénitude la faculté de sympathiser et de compatir. Et telle est exactement en effet la caractéristique de l'homme évolué, de l'adepte, de l'instructeur spirituel, du Christ. Cette condition a nécessité le développement de toutes les qualités qui font l'homme parfait, et c'est là la tâche véritable de sa longue vie dans la matière.

Nous avons, au cours de ce chapitre, esquissé la silhouette de bien des sujets de la plus haute importance. Ceux qui voudront en pousser plus loin l'étude trouveront, pour les aider, un bon nombre d'ouvrages théosophiques. Sur la constitution de l'homme, nous citerons les volumes suivants, de Mrs. Besant : *Man and his Bodies, The Self and its Sheaths, The Seven Principles of Man;* ainsi que mon propre livre, *Man Visible and Invisible,* dans lequel on trouvera beaucoup de descriptions des différents véhicules, tels qu'ils apparaissent au clairvoyant. Sur l'usage des facultés intérieures, se reporter à « *Clairvoyance* ». Sur la formation et l'évolution de l'âme, consulter *Birth and Evolution of the Soul* (Mrs. Besant), *Growth of the Soul* (Mr. Sinnett), et

mes deux ouvrages, *The Christian Creed* et *Man
Visible and Invisible.* Sur l'évolution spirituelle de
l'homme, consulter : *In the Outer Court* (Mrs. Besant), *The Path of Discipleship* (Mrs. Besant) et les
derniers chapitres de mon petit livre : *Invisible Helpers.*

CHAPITRE V

Étant donné que tout d'abord les vibrations les plus subtiles ne peuvent pas agir sur l'âme, celle-ci devra se draper dans des vêtements tissus d'une matière suffisamment grossière pour qu'au moins les vibrations moins fines puissent lui être transmises. Elle se revêt donc successivement du corps mental, du corps astral et du corps physique. C'est ce qui constitue une naissance ou incarnation, le commencement d'une vie physique. Durant cette vie, elle acquiert quelque expérience sur toutes sortes de choses; elle apprend, si j'ose dire, certaines leçons et développe en elle certaines qualités.

Après un temps plus ou moins long, elle commence à se retirer de nouveau en elle-même et dépouille, l'un après l'autre, les vêtements dont elle s'était couverte. Le premier à rejeter est le corps physique et c'en est l'abandon que nous appelons la mort. Ce n'est pas là le terme de nos activités, comme nous le supposons avec tant d'ignorance. Rien n'est plus loin de la vérité qu'une telle idée.

Cette mort n'est en réalité qu'un simple effort qu'accomplit l'âme pour se replier sur soi-même en emportant comme butin la science qu'elle a pu acquérir, et après une période plus ou moins longue de repos relatif il lui faudra faire un nouvel effort de même nature.

Donc, ainsi qu'il a été dit, ce que nous appelons ordinairement la vie n'est qu'un jour de cette vie plus large qui est la véritable; c'est une journée d'école pendant laquelle notre âme apprend certaines leçons. Mais, qu'est-ce qu'une courte vie de soixante-dix ou de quatre-vingts ans au plus pour apprendre toutes les leçons que ce merveilleux et admirable monde nous doit enseigner, que Dieu veut qu'il nous enseigne? De toute nécessité il faudra que notre âme renaisse mainte et mainte fois, revive mainte et mainte de ces journées d'école que nous appelons des existences; cela dans différentes classes et dans des ambiances diverses, jusqu'à ce que soient sues de nous toutes les leçons qu'il nous fallait apprendre; et alors, alors seulement, prend fin notre moindre tâche d'écolier, et nous passons à un devoir plus haut et plus glorieux, à notre devoir de vie divine auquel cet apprentissage des vies terrestres n'est qu'une préparation.

Voilà ce qu'on appelle la doctrine des réincarnations ou des renaissances, doctrine presque universellement admise par les peuples civilisés d'autrefois et à laquelle adhère maintenant encore la plus grande partie de la race humaine.

« Ce qui est incorruptible, a dit Hume, doit être également *ingénérable*. Donc l'âme, si elle est immortelle, doit préexister à la naissance du corps, et la métempsycose est le seul système spiritualiste que puisse admettre le philosophe » (1).

Et Max Muller · s'exprime ainsi à propos des théories réincarnatives de l'Inde et de la Grèce : « Elles reposent sur une idée qui, si elle était exprimée en des termes moins mythologiques, pourrait être considérée comme la meilleure preuve d'une haute culture philosophique » (2).

Puis, dans son dernier ouvrage (ouvrage posthume) ce grand orientaliste revient encore sur la doctrine des réincarnations et déclare que, personnellement, il y croit.

De son côté, Huxley écrit : « De même que la doctrine évolutive elle-même, celle de la transmigration a ses racines dans le monde des faits ; elle s'étaie sur tout ce que l'analogie peut fournir de plus démonstratif en fait d'arguments » (3).

On le voit, les écrivains modernes, comme les anciens, reconnaissent dans l'hypothèse réincarnative une de celles qui méritent le plus sérieux examen.

Mais, pas un seul instant il ne faut la confondre

---

(1) HUME, *Essay on Immortality*, London, 1875.
(2) MAX MULLER, *Theosophy or Psychological Religion*, p. 22, 1895 édition.
(3) HUXLEY, *Evolution and Ethics*, p. 61, 1895 edition.

avec cette autre théorie, fruit d'une grande ignorance,
suivant laquelle une âme que son évolution avait
amenée à la condition humaine pouvait rétrograder
et redevenir l'âme d'une bête. Non, une telle régres-
sion est absolument impossible. Sitôt qu'un homme
existe — c'est-à-dire une âme humaine habitant ce
que nous appelons dans nos livres un corps causal
— il lui est impossible, quelques erreurs qu'il com-
mette, quelque persévérance qu'il apporte à mésuser
des occasions de progrès qui lui sont offertes, il lui
est impossible de retomber à ce rang animal qui
constitue en réalité un règne inférieur au règne
humain. Cet homme, s'il est paresseux à cette
école de la vie dont nous parlions tout à l'heure, il
lui faudra prendre et reprendre encore la même
leçon ; combien de fois avant de la bien savoir, je ne
puis le dire, mais il y arrivera tôt ou tard, si lents
que soient les progrès. Il y a quelques années, une
revue a très joliment exprimé comme suit l'essence
même de cette doctrine :

« Un petit garçon vint en classe, très petit. Tout
ce qu'il savait lui était venu avec le lait de sa mère.
Son maître d'école (qui était Dieu) le plaça dans la
plus basse classe et lui donna ces leçons à apprendre : Tu ne tueras point. Tu ne feras aucun mal à
rien de ce qui vit. Tu ne voleras point. — Notre élève
ne tua pas, mais il fut cruel et il vola. A la fin de la
journée (quand sa barbe se trouva grise et que la
nuit fut venue), son maître (qui était Dieu) lui dit :

Tu as appris à ne pas tuer, mais tu n'as pas appris les autres leçons. Reviens demain.

Il revint donc le matin suivant, petit garçon. Et son maître (qui était Dieu) le mit dans une classe un peu plus forte et lui donna ces leçons à apprendre : Tu ne feras aucun mal à rien de ce qui vit. Tu ne voleras point. Tu ne tromperas point. Et notre élève ne fit de mal à rien de vivant ; mais il vola et mentit. Et, à la fin de la journée (quand sa barbe se trouva grise et que la nuit fut venue), son maître (qui était Dieu) lui dit : Tu as appris la pitié, mais tu n'as pas appris les autres leçons. Reviens demain.

Et de nouveau, le matin suivant, il revint, petit garçon. Et son maître (qui était Dieu) le plaça dans une classe cependant un peu plus élevée et lui donna ces leçons à apprendre : Tu ne voleras point. Tu ne tromperas point. Tu ne convoiteras point. Et notre élève, à la vérité, ne vola point, mais il trompa et convoita. De sorte qu'à la fin de la journée (lorsque sa barbe se trouva grise et que la nuit fut venue), son maître (qui était Dieu) lui dit : Tu as appris à ne pas voler, mais les autres leçons, tu ne les as point apprises. Mon enfant, tu reviendras demain.

Voilà ce que j'ai lu sur le visage des hommes comme sur celui des femmes et dans le livre qu'est le monde et sur le parchemin qui se déroule aux cieux, écrit avec des étoiles. » (BERRY BENSON in *The Century Magazine*, May 1894.)

Je ne dois pas surcharger ces pages des nombreux arguments irréfutables sur lesquels est basée cette doctrine de la réincarnation ; ils sont développés d'une manière complète dans maint ouvrage théoso- phique par une plume de beaucoup plus apte à le faire que la mienne. Je n'ajouterai ici qu'une simple observation. La vie nous met aux prises avec une foule de problèmes qu'aucune autre interprétation que l'hypothèse réincarnative ne permet de résoudre. Cette grande vérité les explique ; par conséquent elle doit être considérée comme bonne jusqu'à ce que l'on découvre une autre hypothèse plus satisfai- sante. J'ajouterai que pour nombre d'entre nous (et comme d'ailleurs le reste de nos enseignements) cette prétendue hypothèse n'en est pas une, mais est une connaissance ferme et directement obtenue ; ce qui, je le reconnais, ne peut pas servir de preuve pour le public en général.

Mais voici une autre considération : Un grand nombre d'hommes bons et droits se sont, avec tris- tesse, trouvés incapables de concilier les événe- ments dont ils étaient les témoins journellement avec la théorie d'un Dieu à la fois Toute-Puissance et Tout Amour. Le spectacle de toutes nos tortures morales, de toutes nos souffrances physiques leur imposait la conviction que : ou bien Dieu n'était pas tout-puissant et ne pouvait les empêcher, ou bien qu'il n'était pas tout amour et ne prenait point garde à nos misères. Nous autres théosophes, nous possédons l'indéracinable conviction qu'il est à la fois Toute-Puissance et Tout Amour, et c'est grâce à cette doctrine fondamentale de la réincarnation que

nous pouvons concilier avec cette certitude la réalité des tristesses qui nous environnent. A coup sûr
l'unique hypothèse qui nous permette de reconnaître
raisonnablement à la Divinité la perfection de
l'amour et de la puissance, à coup sûr cette hypothèse
mérite d'être examinée soigneusement.

Car elle nous fait comprendre que notre vie
présente n'est point un début, mais que nous avons
tous derrière nous une longue série d'existences ;
et c'est au moyen de ce que nous avons appris dans
ce passé que nous avons pu nous élever du niveau
de l'homme primitif à notre condition actuelle.

Assurément, au cours de ces vies passées nous
avons dû et bien et mal agir. De chacune de nos actions est résultée, suivant une loi d'infaillible justice, telle proportion définie de bien ou de mal.
Le bien produit toujours du bonheur d'abord et, en
outre, des conditions favorables au développement
ultérieur. Le mal, au contraire, génère toujours de
la souffrance et restreint les chances favorables au
développement.

Si donc nous nous trouvons gênés de quelque
manière dans nos aspirations vers le bien, nous devons comprendre que cette infériorité ne provient
que de nous-mêmes ou tient tout simplement à la
jeunesse de notre âme; si nous sommes en proie à
la tristesse, à la souffrance, nous seuls nous en
sommes responsables. Les mille et une destinées
des hommes, si variées, si complexes, ne sont qu'autant d'inéluctables et d'exactes résultantes du bien

et du mal contenus dans leurs actes antérieurs ; et toutes choses progressent régulièrement, en conformité avec la divine loi et en vue de la finale apothéose de gloire.

Aucun enseignement théosophique, peut-être, n'a été attaqué plus violemment que cette grande vérité de la réincarnation, et pourtant c'est, à coup sûr, une très consolante doctrine, car elle nous garantit le temps nécessaire à l'accomplissement des progrès qu'il nous reste à faire, le temps et la possibilité de devenir même « parfaits comme notre Père qui est au Ciel. » Certains adversaires fondent leur principale objection sur ce qu'ils ont éprouvé tant de chagrins et de douleurs dans cette vie qu'il leur est impossible d'admettre qu'il faille passer à nouveau par de telles épreuves. Pauvre raisonnement ! Nous sommes à la recherche de la vérité. Si donc nous venons à la rencontrer, nous ne devons pas reculer devant elle, qu'elle nous plaise ou qu'elle nous déplaise ; mais en fait, comme je l'ai dit plus haut, la réincarnation, quand on la comprend bien, est une doctrine profondément consolante.

Certaines gens demandent souvent aussi pourquoi, si nous avons vécu tant d'existences antérieures, nous ne nous en rappelons aucune. En peu de mots, voici la réponse : Il est quelques personnes qui se les rappellent, mais c'est une petite minorité, car la plupart des hommes de notre temps ont encore leur conscience localisée dans un de leurs véhicules, dans une de leurs enveloppes inférieures.

On ne peut demander à cette enveloppe de se souvenir d'incarnations précédentes, puisqu'elle n'en a pas eu, elle ; et l'âme, qui les a eues, n'est pas encore pleinement consciente sur son propre plan. Le souvenir du passé tout entier cependant n'en est pas moins enregistré dans cette âme, et les qualités que l'enfant apporte en naissant sont précisément l'expression même de ce souvenir. Mais quand un homme s'est développé assez pour pouvoir localiser sa conscience dans son âme et non plus dans ses véhicules inférieurs, alors l'histoire entière de cette vie plus vaste qui est la vraie vie, s'ouvre devant lui comme un livre.

L'ensemble de cette question est entièrement et admirablement développé dans le manuel de Mrs. Besant, *Reincarnation*, dans l'ouvrage *Reincarnation* du docteur Jérôme Anderson et dans certains chapitres de *In the Outer Court* (Mrs. Besant), que je recommande spécialement à l'attention du lecteur.

CHAPITRE VI

Un peu de réflexion nous montrera bien vite quel changement radical se produit dans la manière de vivre d'un homme qui s'est convaincu que la vie physique n'est rien, rien qu'un jour à passer à l'école, et que son corps physique n'est rien non plus, rien qu'un vêtement que l'on prend un instant pour travailler et que l'on quitte, la besogne terminée. Cet homme comprend maintenant que la seule tâche importante c'est « d'apprendre la leçon que l'on doit apprendre » et que se laisser distraire de ce devoir par ceci ou par cela, c'est agir d'une manière absolument inconsidérée.

A qui connaît la vérité, l'existence ordinaire de la masse des hommes, cette existence vouée exclusivement aux biens physiques, à la poursuite de la richesse ou de la gloire, oh ! combien elle paraît puérile ! N'est-elle pas le sacrifice absurde de tout ce qui est véritablement désirable à la satisfaction momentanée de ce qu'il y a d'inférieur dans notre nature ? Le disciple « met ses affections dans les

choses de là-haut et non dans celles de la terre, »
d'abord parce que tel est son devoir et ensuite parce
qu'il comprend admirablement l'insignifiance de
tout ce qui est terrestre. Il tâche toujours de se
placer au point de vue le plus élevé, car on ne saurait attacher aucune importance à ce que l'on re-
garde d'en bas, la vue étant obscurcie alors par cet
épais brouillard que condensent autour de nous les
sensations et les désirs inférieurs.

Est-ce à dire cependant qu'il ne subira jamais de
tentations, le disciple même qui sera le mieux convaincu que la voie haute est celle qu'il doit suivre.
Hélas! non. Bien souvent il sera! sollicité, entraîné
vers la route d'en bas ; le grand combat se livrera
en lui. Il éprouvera que, suivant la forte expression
de saint Paul, « il y a une loi des membres qui entre
en lutte contre la loi de l'esprit », et il connaîtra la
vérité de cette autre parole : « Ce que je voudrais
faire, je ne le fais pas, et ce que je ne voudrais pas
faire, je le fais. »

Je dirai à ce propos que des gens d'une grande
religiosité se méprennent souvent d'une manière
très fâcheuse sur la cause de ces batailles intérieures
que nous avons tous senti se livrer en nous, avec
des degrés divers d'acharnement et de suite ; et ces
personnes adoptent généralement l'une des deux
explications suivantes : ou bien elles supposent que
les basses impulsions qu'elles ressentent leur viennent de démons tentateurs et leur sont en somme
étrangères ; ou bien, au contraire, elles déplorent la

noirceur et la malice de leur âme et tremblent devant l'abîme de mal qu'elles recèlent dans leur cœur. En vérité, un grand nombre des êtres les meilleurs, hommes et femmes, sont tenaillés, sur ce seul point, par des tortures fort inutiles.

Ce qu'il faut d'abord se représenter si l'on veut comprendre la question, c'est que les désirs inférieurs que nous ressentons ne sont nullement *nos* désirs. Ils ne sont pas non plus l'œuvre de quelque démon qui s'acharnerait à perdre notre âme. Il est vrai que de mauvaises entités parfois sont attirées par les mauvaises pensées qui naissent en nous et les renforcent ; mais de telles entités sont *de fabrication humaine*, toutes, et, de plus, temporaires. Elles consistent simplement en formes artificielles créées par la pensée d'autres hommes mauvais, et le semblant de vie qui les anime a une durée proportionnée à la force du sentiment qui les créa.

Mais, habituellement, les impulsions nuisibles nous viennent d'une source tout à fait différente. Nous avons dit que, pendant le travail de l'incarnation, l'homme se revêtait successivement d'enveloppes constituées par de la matière des différents plans. Or, cette matière n'est point de la matière morte (la science occulte nous apprend d'ailleurs qu'il n'existe nulle part de la matière morte). C'est de la matière qui vit et dont la vie est accompagnée d'instinct. Mais la vie qui anime cette matière se trouve être à un degré d'évolution qui précède de beaucoup celui où se trouve notre Moi. Ainsi, elle a à descendre encore ; le progrès, pour elle, est de s'épaissir, tandis qu'il est pour notre Moi de s'affiner. Il est donc facile de comprendre la source des conflits, puisque l'intérêt de l'homme véritable est contraire à celui de la matière vivante qui entre dans la composition de certains de ses véhicules.

Voilà, très sommairement esquissée, l'explication de l'étrange combat intérieur que nous constatons quelquefois en nous, combat qui a fait naître dans certains esprits poétiques l'idée de bons et de mauvais anges se disputant la possession des âmes humaines. On trouvera plus de détails sur cette question dans mon livre *The Astral Plane.* En attendant, il est nécessaire que l'homme comprenne bien qu'*il* est, *lui,* la force supérieure qui va toujours de l'avant et combat pour le bien ; tandis que cette force inférieure n'est pas du tout *lui* ; elle n'est qu'un fragment révolté de l'un de ses véhicules inférieurs. L'homme vrai doit apprendre à le soumettre, ce fragment rebelle, à le dominer complètement et à le maintenir dans l'obéissance ; mais il ne doit pas tomber dans l'erreur qui le lui ferait considérer comme intrinsèquement mauvais. C'est là encore une émanation du Pouvoir divin, cherchant à suivre sa voie normale, qui est, à ce degré d'évolution, de descendre dans la matière au lieu de s'en dégager comme nous devons le faire.

CHAPITRE VII

LA MORT

Une complète intelligence de ce qu'est la vérité théosophique se montre féconde en résultats pratiques. L'un des plus importants est de changer du tout au tout notre attitude devant la mort. Il est impossible de supputer tout ce que l'humanité a subi de tortures morales, de terreurs et de chagrins par le seul fait de son ignorance et de ses superstitions en ce qui concerne le trépas. Une masse incroyable d'opinions fausses et absurdes sur ce point ont causé dans le passé et produisent encore aujourd'hui une indescriptible somme de souffrances ; et l'extirpation de ces préjugés serait un des plus grands bienfaits que l'on pût apporter à la race humaine.

C'est ce bienfait que reçoivent de la Théosophie ceux qui, grâce aux études philosophiques qu'ils ont faites dans leurs vies antérieures, sont devenus aptes à accepter maintenant son enseignement. Cet enseignement dépouille la mort de toute la terreur et d'une grande partie des tristesses qui l'enveloppent; il nous permet de la contempler dans ses vraies proportions et de comprendre quel est son rôle dans le plan général de l'évolution.

Lorsque l'on considère la mort comme le terme de la vie ou comme l'entrée d'un pays obscur, dangereux et inconnu, il est assez naturel de l'envisager avec une grande appréhension sinon avec une véritable terreur. Et puisque, en dépit de tout ce que les religions ont fait pour enseigner le contraire, telle est bien la façon générale dont la mort est considérée dans tout le monde occidental, il ne faut pas s'étonner des mille horreurs qui venant se greffer sur cette idée de la mort, ont passé dans nos habitudes et enfin se sont imposées même aux personnes qui connaissent la vérité. Tous ces horribles symboles de malheur, le crêpe, les vêtements de deuil, le papier bordé de noir, ne sont que des preuves de l'ignorance des personnes qui en font usage. L'homme qui commence à comprendre ce qu'est la mort, celui-là met de côté toute cette mascarade comme un fol enfantillage. Il sait qu'elle est un bien, et déplorer ce qui arrive d'heureux à un ami, simplement parce que l'on va se trouver en apparence séparé de lui, c'est, il s'en rend compte, une manifestation d'égoïsme. Sans doute il ne peut se soustraire au heurt de la séparation momentanée, mais ce qu'il peut éviter c'est de permettre à sa peine de devenir une gêne pour l'ami qui s'en est allé.

L'homme qui comprend la mort sait qu'il ne doit ni la craindre ni la déplorer, qu'elle lui soit envoyée à lui ou qu'elle atteigne ceux qu'il aime. Tous sont

morts bien des fois déjà : la mort est pour tout le
monde une très vieille connaissance. Au lieu de la
représenter comme l'affreuse reine des terreurs, ne
vaudrait-il pas mieux lui donner pour symbole un
ange qui, portant une clef d'or, nous ferait entrer
dans les glorieux royaumes de la vie supérieure ?

L'homme qui comprend la mort comprend nettement aussi que la vie est continue et que perdre son
corps physique ce n'est rien de plus que d'ôter un
vêtement, ce qui ne change en aucune manière
l'homme véritable qui portait ce vêtement. Il voit
que mourir c'est tout simplement être promu d'une
vie plus d'à moitié physique à une vie complètement
astrale, c'est-à-dire bien supérieure. La mort, donc,
quand elle vient à lui, est la bienvenue ; et quand
elle vient à ceux qu'il aime, sans doute il ne peut se
défendre d'un certain regret égoïste, devant cette
séparation temporaire qui lui est imposée, mais il re-
connaît qu'elle est un grand avantage pour ceux qui
lui ont été enlevés ainsi. Il a compris également que
cette séparation n'est qu'apparente et point réelle.
Il sait que les soi-disant morts sont toujours près de
lui et qu'il n'a lui-même qu'à abandonner momentanément son corps physique, durant le sommeil,
pour les rejoindre et communiquer avec eux comme
autrefois.

Il voit clairement que le monde est un, que les
mêmes lois divines s'appliquent à toutes les parties
de ce vaste ensemble, qu'elles soient visibles ou invisibles à nos regards physiques. Il n'éprouve donc

ni angoisse ni étonnement à passer de l'une de ces
parties à l'autre : il n'a aucune incertitude quant à
ce qu'il trouvera de l'autre côté du rideau. L'ensemble du monde invisible lui a été si nettement
décrit et détaillé par les soins des étudiants de la
Théosophie, qu'il peut le connaître aussi bien que le
monde physique et qu'il peut passer du dernier au
premier sans aucune hésitation, dès que sera venu
le moment le plus favorable à son développement.

Pour des détails complets sur les divers degrés
de cette vie supérieure, nous ne pouvons que ren-
voyer le lecteur aux ouvrages consacrés spécialement à ce sujet. Il est suffisant de dire ici que les
conditions dans lesquelles l'homme passe d'une vie
à l'autre sont précisément celles qu'il s'est faites lui-
même. Les pensées et les désirs qu'il a encouragés
en lui durant sa vie terrestre, prennent la forme de
vivantes entités parfaitement déterminées, qui l'entourent et réagissent sur lui jusqu'à ce que soit épui-
sée l'énergie qu'il leur a communiquée. Quand les
pensées, quand les désirs de cet homme ont été puissants et persévérants dans le mal, les compagnons
qu'il s'est créés ainsi peuvent, à la vérité, être terribles ; mais heureusement de tels hommes ne forment qu'une très petite minorité parmi les habitants
du monde astral. Le pis que le commun des personnes qui vivent dans le monde se prépare comme
vie d'outre-tombe, c'est une existence indiciblement ennuyeuse, dénuée de tout intérêt rationnel,
suite naturelle, d'ailleurs, des années que de telles

personnes ont dissipées ici-bas en commérages, en banalités et en indulgence pour elles-mêmes.

A cet ennui morne et passif peuvent s'ajouter parfois de véritables souffrances. Un homme, durant sa vie terrestre, s'est-il laissé maîtriser par d'intenses appétits physiques ; est-il devenu l'esclave de vices tels que l'avarice, la sensualité ou l'ivrognerie, par exemple? Alors il s'est préparé beaucoup de souffrances purgatorielles après sa mort. Car, en perdant son corps physique, il n'a, en aucune façon, perdu ces désirs et ces mauvais penchants qu'il a si bien cultivés. Ceux-ci demeurent aussi vivants que jamais, et même plus actifs puisqu'ils ne sont plus gênés par l'inertie des particules les plus lourdes de la matière. Mais ce que cet homme a perdu, c'est le pouvoir de satisfaire de tels penchants et de tels désirs qui vont maintenant le torturer et le ronger, inassouvis et inassouvissables. On comprendra que cela constitue pour ce malheureux un très réel enfer, mais un enfer temporaire cependant, puisque ces désirs finiront par se consumer d'eux-mêmes, dépensant précisément leur énergie dans la souffrance qu'ils occasionnent.

C'est, à la vérité, une terrible destinée. Il est deux points, cependant, que nous ne devons pas perdre de vue à ce sujet : d'abord, que l'homme n'est pas seulement l'artisan de son malheur, mais qu'il en a lui-même déterminé et l'intensité et la durée. C'est lui qui, sur cette terre, a permis à tel ou tel désir d'acquérir telle ou telle puissance ; et maintenant il se trouve aux prises avec ce désir et il doit le vaincre. Si, durant la vie physique, il a fait quelques efforts déjà pour le réprimer et le tenir en échec, ces efforts précédemment accomplis viendront en défalcation de ceux qu'il lui reste à faire. C'est lui-même qui a créé le monstre qu'il doit terrasser maintenant, et toute la force que possède son adversaire, c'est lui qui la lui a donnée. Sa destinée ne vient donc que de lui-même, c'est lui qui se l'est créée.

En second lieu il faut ajouter que la souffrance est maintenant son seul moyen de salut. S'il lui était possible de l'éviter, de traverser la vie astrale sans user ainsi progressivement ses bas désirs, qu'arriverait-il ? Tout simplement qu'en reprenant sa vie physique, la fois suivante, il se trouverait complètement dominé par les mêmes passions. Il serait un ivrogne-né, un avare de naissance, etc., et bien avant qu'on ait pu lui apprendre qu'il faut s'efforcer de vaincre de telles passions, elles auraient crû en lui au point de ne pouvoir plus être domptées ; il serait de nouveau leur esclave, corps et âme, et ainsi une autre existence terrestre se trouverait usée inutilement, une autre chance de développement perdue à jamais. Ce serait là un cercle vicieux auquel on ne trouve nulle issue, et l'évolution de cet homme serait indéfiniment retardée.

Le plan divin ne présente point de tels défauts. La passion se consume durant la vie astrale et l'homme se réincarne sans passions. A la vérité, la faiblesse morale, qui a déjà permis précédemment aux passions de prendre le dessus en lui, cette faiblesse morale est encore là ; et il n'est pas moins vrai que le corps astral formé en vue de la nouvelle incarnation se trouve organisé de façon à pouvoir subir et exprimer exactement les mêmes passions que son prédécesseur ; il ne serait donc pas difficile à l'homme réincarné de recommencer la vie mauvaise qu'il a déjà vécue. Mais son Ego, l'homme véritable qui est en lui, a reçu une terrible leçon et assurément il fera tous ses efforts pour empêcher sa manifestation inférieure de renouveler la faute ainsi châtiée et de retomber sous le joug des mêmes instincts. Sans doute, il en a encore les germes en lui, mais, s'il a mérité par ailleurs de naître de parents bons et sages, ceux-ci l'aideront à développer ce qui est bon dans sa nature en refrénant ce qu'elle contient de mauvais. Ne pouvant fructifier, les germes passionnels s'atrophieront ; encore une incarnation et ils n'apparaîtront même plus. C'est ainsi que par de lents progrès l'homme arrive à détruire en lui les mauvaises tendances et à développer à leur place toutes les vertus.

D'autre part, l'homme intelligent et altruiste, l'homme qui comprend les conditions de cette existence hyperphysique et qui veut bien prendre la peine de s'y adapter et de remplir le plus grand nombre possible de ces conditions, cet homme voit s'ouvrir devant lui un admirable champ d'occasions et de possibilités, tant de s'instruire que de travail-

ler utilement. Il découvre que la vie, hors du corps
grossier, possède une intensité et un éclat auxquels
les joies terrestres les plus vives ne ressemblent pas
plus que le clair de lune ne ressemble à un midi
rayonnant de soleil. Sa claire connaissance et sa
confiance calme font resplendir sur lui et sur tous
ceux qui l'entourent les pouvoirs de la vie qui ne se
termine point. Il devient un ineffable centre de paix
et de joie pour des centaines d'hommes, ses frères,
et il peut, en quelques années de cette existence
astrale, faire plus de bien que ne lui aurait permis
d'en faire la vie physique la plus longue.

Il sait bien, surtout, qu'il a encore devant lui une
autre période de sa vie d'outre-tombe et que celle-
ci est plus grandiose encore. De même que par ses
pensées et par ses désirs inférieurs il s'est créé
l'ambiance de sa vie astrale, ainsi par ses pensées
les plus hautes et par ses plus nobles aspirations
s'est-il préparé lui-même sa vie céleste. Car le ciel
n'est point un rêve, mais une vivante et glorieuse
réalité. Ce n'est point une cité lointaine, sise au-
dessus des étoiles, avec des portes en perles fines et
des rues pavées d'or, patrie d'un petit nombre de
privilégiés. Non, le ciel est simplement un état de
conscience par lequel tout homme a passé, passe et
passera durant l'intervalle qui sépare ses incarnations. Ce ciel n'est donc pas, naturellement, un
séjour éternel ; mais c'est un état d'inexprimable
bonheur, qui se prolonge pendant des centaines
d'années. Et ce n'est pas tout, car, bien que ce ciel

contienne la réalité de tout ce que les diverses religions ont promis de meilleur et de plus sublime sous le nom de ciel, néanmoins on ne doit pas le considérer à ce seul point de vue.

Mais c'est un royaume de la nature qui a pour nous une extrême importance ; c'est un immense et admirable monde de vie intense dans lequel nous vivons dès maintenant, aussi bien que pendant les périodes qui séparent deux incarnations. Seuls notre manque de développement et cette sorte de diminution de notre Ego qui nous est imposée par ce vêtement de chair, peuvent nous empêcher de comprendre pleinement que toute la gloire du ciel le plus élevé nous environne de tous côtés et à tout moment, et que les influences de ce monde supérieur ne cessent de nous envelopper, de nous pénétrer de toutes parts. Si impossible que cela paraisse à l'homme ordinaire, ce n'est là pour l'occultiste que la plus positive des réalités ; et aux personnes qui n'ont pas encore compris cette vérité fondamentale nous ne saurions mieux faire que de répéter l'avis donné par l'instructeur bouddhiste : « Ne vous abîmez pas dans la prière, les cris et les plaintes, mais ouvrez les yeux et voyez. La lumière brille tout autour de vous et vous n'avez qu'à retirer le bandeau qui est sur vos yeux et à regarder. Cela est si merveilleux, si beau, cela dépasse de si loin tout ce que l'homme a rêvé ou demandé dans ses prières ! Et cela durera toujours et toujours ! » (*The Soul of a People*, p. 163.)

Lorsque le corps astral, véhicule des pensées et des désirs d'un ordre inférieur, lorsque le corps astral a été peu à peu usé et dépouillé, alors l'homme se trouve habiter ce véhicule formé d'une matière plus haute et plus fine que nous avons appelé le corps mental. Il a maintenant centré sa conscience dans ce véhicule, et il peut, par cet intermédiaire, percevoir les vibrations qui proviennent des particules du monde externe correspondant à la densité du corps mental, c'est-à-dire les vibrations de la matière du plan mental. Son temps de purgatoire est achevé ; la partie inférieure de sa nature s'est consumée d'elle-même, et il ne lui reste plus maintenant que les pensées et les aspirations les plus hautes qu'il a eues pendant sa vie terrestre. Elles se serrent autour de lui et lui forment une sorte de coquille, au moyen de laquelle il peut répondre à certaines modalités vibratoires de cette matière très subtile, et au moyen de laquelle également il puise au trésor commun du monde céleste. Car ce plan mental est, si j'ose dire, le reflet même de l'Esprit divin, l'inépuisable réserve d'où les habitants du Ciel peuvent extraire exactement ce que leur permettent d'y prendre les aspirations et les pensées qu'ils ont eues pendant leurs existences physique et astrale.

Toutes les religions ont parlé du bonheur céleste ; mais peu d'entre elles ont su mettre en lumière cette idée maitresse qui seule permet d'expliquer rationnellement de quelle façon tout le monde

indistinctement peut être heureux au ciel. C'est là
pourtant la clef de la question, ce fait que chacun
est le créateur de son propre ciel en choisissant
parmi les indicibles splendeurs de la Pensée divine
elle-même les biens qu'il a le plus passionnément
désirés. C'est ainsi que chacun règle pour soi-même,
au moyen des causes qu'il génère ici-bas, et la durée
et le caractère de sa vie supérieure ; chaque homme
ne peut donc qu'avoir exactement la quantité de
bonheur qu'il a méritée et ses joies célestes seront
de la qualité la mieux appropriée à ses idiosyncra-
sies. Le ciel est un monde dans lequel chaque être
(du fait même qu'il y est conscient) jouit du plus
grand bonheur spirituel qu'il soit susceptible de
goûter ; c'est un monde qui peut satisfaire toutes
les aspirations, sans mesure, sans autre mesure du
moins que celle de ces aspirations elles-mêmes.

On trouvera de plus amples détails sur la vie
astrale dans *The Astral Plane* ; la vie céleste est
décrite dans *The Devachanic Plane* ; on trouvera
également des renseignements sur l'une et sur l'autre
dans les deux ouvrages suivants : *Death and After*
et *The other Side of Death.*

.

.

CHAPITRE VIII

LE PASSÉ DE L'HOMME ET SON AVENIR

Dès que l'on a bien compris que ce n'est qu'en traversant une longue série de vies différentes que chaque homme en est arrivé à son degré actuel d'évolution, voici une question qui vient s'imposer tout naturellement à l'esprit : jusqu'à quel point peut-on être renseigné sur ce passé ? Le problème est évidemment d'un indéniable intérêt. Eh bien, par bonheur, on peut être renseigné d'une manière certaine sur ce point, non seulement par la tradition mais encore d'une autre façon beaucoup plus sûre. Je n'ai pas la place de m'étendre ici sur les merveilles de la psychométrie. Je dirai simplement que l'on a de nombreuses preuves qu'il n'est pas de si petit événement ou incident qui ne s'enregistre de soi-même immédiatement et d'une manière indélébile, dans ce que l'on a appelé *la mémoire de la Nature ;* et c'est dans la mémoire de la Nature aussi que l'on peut retrouver avec une exactitude absolue la représentation vraie, complète et fidèle de quelque scène que ce soit, de n'importe quel événement,

depuis que le monde a commencé. Les personnes
pour qui ce sujet serait absolument neuf, et qui par
conséquent réclameraient des preuves voudront
bien se référer à *Psychometry* (Docteur Buchanan)
ou à *Soul of Things* (Professeur Denton); mais tous
les étudiants de l'occultisme savent qu'il est possible
de lire les enregistrements du passé ; et parmi ces
étudiants beaucoup savent même comment on les
lit.

Dans son essence, cette mémoire de la Nature ne
peut être que la Divine Mémoire elle-même, laquelle
est bien au-dessus de la portée de nos esprits ; mais
cette Mémoire divine est exactement réfléchie sur
des plans moins élevés ; de sorte que l'intelligence
humaine, lorsqu'elle est entraînée à cet exercice,
peut retrouver sur ces plans la trace de tous les
événements qui les ont affectés. Donnons un
exemple : Tout ce qui passe devant un miroir se
réfléchit sur la surface de ce miroir et nos yeux
aveugles croient que toutes ces images ne laissent
aucune trace sur la surface réfléchissante. Cependant il pourrait en être différemment. Il n'est pas
difficile d'imaginer que ces images *pourraient* impres-
sionner le miroir de même que tous les sons impres-
sionnent le cylindre enregistreur d'un phonographe ;
et rien n'empêcherait de trouver une manière de
reconstituer les images à l'aide de leurs traces sur
le miroir, comme on reconstitue les sons à l'aide de
leurs traces sur le cylindre.

La psychométrie supérieure nous montre que non

seulement *il pourrait en être ainsi*, mais qu'*il en est ainsi*, et que non seulement un miroir mais n'importe quel objet physique garde la trace exacte de tout ce qui s'est passé devant lui (si l'on peut ainsi parler). Nous avons de la sorte à notre disposition une méthode rigoureuse et précise qui nous permet de reprendre à son début l'histoire de notre monde et de notre race, et c'est ainsi qu'une infinité de choses du plus palpitant intérêt peuvent être observées dans leurs moindres détails, et comme si les scènes du passé étaient répétées, pour notre plus grand avantage, par les acteurs mêmes qui les jouèrent autrefois (Voir : Clairvoyance, p. 88).

Les recherches que l'on a faites dans la préhistoire, par de telles méthodes, nous permettent de constater un long processus évolutif, graduel et lent mais incessant. Le développement de l'humanité a été soumis à deux grandes lois ; la première est la loi d'évolution qui, paisiblement, pousse l'homme en avant et en haut ; la seconde est la loi de divine justice ou loi de cause et effet qui assure à l'homme, avec une exactitude absolue, la rétribution de ses moindres actes et lui apprend ainsi peu à peu à se conformer intelligemment à la première loi.

Ce long processus évolutif n'a pas la terre pour unique théâtre. Nous l'avons commencé sur d'autres globes du même ordre ; mais le sujet est beaucoup trop vaste ; il est impossible de le traiter dans un livre élémentaire comme celui-ci. C'est là le thème principal de l'ouvrage monumental de Mme Bla-

vatsky, *la Doctrine secrète* ; mais avant d'en enta-
mer la lecture les commençants feront bien de lire
les chapitres qui se rapportent à ce sujet dans
Ancient Wisdom de Mrs. Besant et dans *Growth of
the Soul* de Mr. Sinnett.

Les livres que je viens de citer nous renseignent
avec autant de détails que de certitude non seulement sur le passé de l'homme, mais encore sur son
avenir ; et quoique la gloire de cet avenir ne puisse
être dite en aucune langue, on peut cependant
donner une idée des premiers degrés qui conduisent
à ces sublimes sommets. Que l'homme soit, dès à
présent, divin, et qu'il puisse développer en lui-
même les pouvoirs de la divinité, c'est là une idée
qui paraît choquante à beaucoup de très braves gens,
lesquels seraient même tentés de la trouver blasphé-
matoire. Pourquoi ? Il est difficile de le découvrir
puisque Jésus lui-même rappelle aux Juifs qui
l'entourent le texte de leurs Écritures : « J'ai dit :
vous êtes des Dieux » ; et que la doctrine de la
déification de l'homme était très généralement sou-
tenue par les Pères de l'Église. Mais à notre époque
une grande partie des doctrines les plus pures
d'autrefois a été oubliée ou mal comprise, et la
vérité ne semble être connue dans son intégralité
que par les étudiants de l'occultisme.

On entend demander quelquefois pourquoi, si
l'homme était au commencement une étincelle de la
divinité, pourquoi il lui est devenu nécessaire de traverser tous ces éons de l'évolution, qui impliquent

tant de tristesses et de souffrances, et tout cela dans
le simple but de redevenir Dieu à la fin comme il était
au commencement. Les personnes qui formulent
une telle objection n'ont pas encore compris du tout
le plan évolutif. Ce qui a été émané par la Divinité,
au commencement, n'était point encore un homme
et n'était même pas, proprement, une étincelle, car
il n'y avait aucune individualisation dans cette émanation. C'était simplement comme un grand nuage
d'essence Divine, capable cependant de se conden-
ser éventuellement en une infinité d'étincelles. La
différence entre la condition de cette essence divine
au moment de son émanation et au moment de son
retour, est exactement la même que celle que l'on
peut observer entre un vaste amas de matière nébuleuse luisant faiblement et le système solaire que
pourra former cette nébuleuse. Celle-ci est très belle,
je le veux bien ; mais elle est à peine délimitée et
elle ne sert à rien ; les soleils auxquels donnera
naissance sa lente évolution, ces soleils répandront
vie, chaleur et lumière sur un grand nombre de
mondes et sur les habitants de ces mondes.

Nous pouvons employer encore une autre comparaison. Le corps humain se compose d'innombra-
bles millions d'infimes particules, dont un grand
nombre sont, à chaque instant, rejetées de l'orga-
nisme. Supposons que par un processus évolutif
quelconque, chacune de ces particules puisse, avec
le temps, devenir à son tour un être humain. Di-
rions-nous que cette évolution n'a rien fait gagner à

ces particules puisque, d'une certaine façon, elles
étaient humaines aussi au commencement? Eh bien!
l'essence divine est émanée, dans le principe, à
l'état de simple force (divine, il est vrai), et elle revient sous la forme de milliers et de milliers de
puissants adeptes dont chacun est capable de se développer ultérieurement en un Logos.

On voit par là que nous avions bien le droit de
déclarer que l'avenir de l'homme est un avenir de
gloire et de splendeur illimitées. Et un point très
important à se rappeler, c'est que ce magnifique
avenir nous est réservé à tous sans exception. Celui
que nous appelons un homme bon, celui qui se con-
forme à la Divine volonté et dont les actions coopè-
rent à la marche de l'évolution, celui-là fait de rapides progrès sur le sentier qui mène au terme
heureux. L'homme, au contraire, qui, iniutelligem-
ment, retarde le grand courant évolutif en s'opiniâ-
trant par exemple à la recherche des satisfactions
égoïstes au lieu de collaborer au bien de tous,
celui-là ne pourra progresser que très lentement et
irrégulièrement. Mais la Divine Volonté est infiniment plus puissante qu'aucun vouloir humain, et la
mise en œuvre du vaste plan est parfaite. L'homme
qui n'apprend pas sa leçon le premier jour devra
simplement revenir et revenir à l'école jusqu'à ce
qu'enfin il la sache. La patience divine est infinie
et tôt ou tard chaque être humain atteint le but qui
lui a été assigné. Pour ceux qui connaissent la Loi
et la Volonté, il ne peut y avoir ni crainte ni incertitude. La paix absolue est leur apanage.

CHAPITRE IX

LA CAUSE ET L'EFFET

Au cours des chapitres précédents, nous avons eu à mentionner constamment cette puissante loi de Cause et d'Effet, sous l'action de laquelle chaque homme reçoit rigoureusement la rétribution qu'il mérite. Sans cette loi, nous ne pourrions pénétrer le reste du Plan Divin. Il est donc nécessaire que nous essayions de la comprendre très exactement, et pour cela, il faut tout d'abord que nous rompions avec le préjugé ecclésiastique d'une *récompense* ou d'un *châtiment* consécutifs à toute action humaine. Cette idée de récompense et de châtiment ne saurait être séparée de l'idée d'un juge, d'un distributeur de la récompense ou du châtiment, et cette dernière idée conduit à une autre encore : c'est que le juge pourrait être plus accommodant dans un cas que dans un autre ; qu'il pourrait se laisser influencer par les circonstances ; qu'un recours en grâce pourrait lui être adressé, et qu'ainsi l'application de la loi pourrait être soit modifiée, soit même escamotée complètement.

Or, chacune de ces suppositions est des plus er-

ronées, et le système de pensée dont elles font partie
doit être absolument répudié et abandonné par quiconque veut arriver à l'intelligence véritable des
faits. Prenez dans votre main une barre de fer
chauffée au rouge. Hors de certaines conditions spé-
ciales, vous vous brûlerez grièvement. Il ne vous
viendra pas à l'idée, cependant, de dire que Dieu
vous a puni d'avoir touché cette barre de fer ; mais
vous comprendrez fort bien qu'il vous est arrivé
cela même qui devait vous arriver conformément
aux lois de la nature ; et tous ceux qui savent ce que
c'est que la chaleur et comment elle agit, seraient à
même d'expliquer exactement pourquoi vous vous
êtes brûlé.

Veuillez observer en outre que votre intention n'a
aucun effet sur le résultat physique de votre acte.
Que vous ayez saisi cette barre pour accomplir une
mauvaise action, ou, au contraire, pour épargner un
malheur à quelque autre personne, vous n'en serez
ni plus ni moins brûlé. A un autre point de vue,
naturellement, à un point de vue plus élevé, les résultats seront très différents. Dans le dernier cas,
vous aurez fait une noble action et vous vous sentirez
approuvé par votre conscience, tandis que dans le
premier vous n'éprouveriez que des remords. Mais
la brûlure physique n'en resterait pas moins la
même.

Eh bien ! pour avoir une idée vraie de la façon
dont opère la loi de cause et d'effet, il faut se représenter qu'elle agit avec un automatisme sem-

blable. Supposons une masse pesante suspendue au
plafond au moyen d'une corde et exerçons un certain
effort sur cette masse pour l'écarter de la verticale.
Les lois de la mécanique nous enseignent que la
réaction de la masse pesante sur notre main corres-
pondra exactement à la force que nous aurons dé-
ployée ; et cette réaction se produira indépendam-
ment des raisons qui auront pu nous déterminer à
détruire l'équilibre du système. De même, l'homme
qui commet une mauvaise action trouble le régime
du grand courant évolutif, et celui-ci réagit avec autant de force exactement qu'il en a été déployé
contre lui.

Il ne faut pas supposer un seul instant, toutefois,
que l'intention qui préside à nos actes soit indiffé-
rente. Elle est, au contraire, le facteur le plus important qui les caractérise, tout en ne modifiant en rien
leurs résultats sur le plan physique. N'oublions pas,
en effet, que l'intention elle-même est une force,
une force qui agit sur le plan mental, c'est-à-dire
sur de la matière si fine et à vibrations si rapides
qu'une même somme d'énergie produit sur ce plan
un effet infiniment plus grand que sur des plans
inférieurs. L'acte physique produira donc son résultat sur le plan physique ; mais en même temps
l'énergie mentale de l'intention produira le sien sur
le plan mental ; ce dernier résultat sera tout à fait
indépendant du premier et aura, à coup sûr, une
importance bien plus grande. On voit que de cette
manière une rétribution parfaite est toujours ac-

cordée automatiquement. Si complexes que soient les motifs déterminants de nos actions, quelque proportion de bien et de mal que puissent comporter leurs résultats physiques, l'équilibre, de lui-même, se rétablira toujours exactement et une parfaite justice règnera à tous les degrés.

Nous ne devons pas oublier que c'est l'homme lui-même et l'homme seul qui édifie son caractère futur comme il génère aussi sa future ambiance. On peut dire, d'une manière très générale, que les actes de sa vie présente engendrent les conditions circonstancielles de sa prochaine incarnation tandis que ses pensées dans une vie sont les principaux facteurs du développement de son caractère au cours de la vie suivante. Il est infiniment intéressant d'étudier suivant quelle méthode œuvrent toutes ces forces diverses ; mais nous ne pouvons ici entrer dans tous ces détails. On les trouvera exposés très complètement dans le manuel de Mrs. Besant : *Karma*, ainsi que dans le chapitre de *Ancient Wisdom* (même auteur) relatif à cette question et dans *Esot   Buddhism* de Mr. Sinnett.

Il est patent que de tels faits corroborent admirablement un grand nombre de nos principes de morale. Puisque la pensée a un pouvoir si grand ; puisqu'elle peut produire sur son propre plan des effets de beaucoup plus importants qu'aucun de ceux qui peuvent être générés sur le plan physique, il devient immédiatement évident que chaque homme doit se mettre en mesure de maîtriser une telle force. Car non seulement c'est avec elle qu'il construit son futur caractère, mais par elle encore, et d'une façon aussi constante qu'inévitable, il agit sur tous les êtres qui l'environnent.

Du fait de sa pensée, donc, et suivant l'usage qu'il en fera, va peser sur lui une très sérieuse responsabilité. Lorsqu'un homme ordinaire sent monter en son âme un sentiment de haine ou le désir de nuire à son semblable, il a une tendance naturelle à traduire ce sentiment et ce désir par un acte ou tout au moins par une parole. Néanmoins, les règles communes aux sociétés civilisées lui défendent cet éclat et lui prescrivent de réprimer autant qu'il lui sera possible toute manifestation extérieure de ce qu'il éprouve. Et s'il réussit à se conformer de la sorte aux conventions sociales, il se croit fondé à se féliciter et pense avoir rempli tout son devoir. L'étudiant de l'occultisme, lui, sait qu'il doit pousser beaucoup plus loin la maîtrise de soi-même et qu'il doit absolument réprimer la moindre *pensée* d'irritation tout aussi bien que sa manifestation extérieure. Car il sait que ses sentiments déchaînent sur le plan astral des forces terribles, que ces forces agiront contre l'objet de sa colère aussi sûrement que s'il le frappait physiquement et que, bien souvent, les effets produits par les forces astrales seront infiniment plus sérieux et plus durables.

Il est vrai, il est très positivement vrai, que les pensées sont des choses. Elles apparaissent à la vue clairvoyante, avec une forme précise, une couleur déterminée, celle-ci dépendant, naturellement, du mode vibratoire de ces pensées. L'étude de leurs formes et de leurs couleurs est d'un grand intérêt. On en trouvera une description illustrée d'aquarelles dans le numéro du mois de septembre 1896 de la revue *Lucifer*.

Ces considérations nous ouvrent des horizons de différents côtés. Puisque nos pensées peuvent — trop facilement — faire du mal, elles peuvent aussi faire du bien. Par elles nous pouvons créer des courants mentaux qui porteront à maint ami souffrant l'aide de notre sympathie, et de la sorte, tout un monde nouveau s'offre à notre désir de nous rendre utiles. Bien des cœurs pénétrés de gratitude ont gémi de n'avoir pas la richesse matérielle qui leur aurait permis de reconnaître les bienfaits reçus ; eh bien, voilà pour eux une manière de s'acquitter, dans un domaine où il importe peu de jouir ou de manquer des biens physiques.

Quiconque pense, peut aider ses frères ; et quiconque peut les aider, doit le faire. Dans ce cas, comme dans tous les autres, savoir c'est pouvoir, et qui comprend la loi peut utiliser la loi. Nous savons quels effets certaines de nos pensées peuvent produire sur nous-mêmes et sur nos semblables. Nous devons donc faire en sorte d'obtenir, de dessein formé, les résultats désirables. C'est ainsi que chacun peut non seulement modeler son caractère durant la vie présente, mais encore déterminer ce que sera ce caractère au cours de la suivante incarnation. Car toute pensée est une vibration dans la matière du corps mental et la même pensée répétée avec persévérance éveille des vibrations correspondantes (une octave au-dessus) dans la matière du corps causal. C'est ainsi que s'édifient progressivement dans l'Ego lui-même certaines qualités qui réapparaîtront certainement et feront partie de l'innéité avec laquelle cet Ego entrera dans la suivante incarnation. C'est ainsi encore que, toujours grandissantes, les facultés et les vertus de l'âme se développent petit à petit. Petit à petit également, l'homme prend en main l'œuvre de son progrès et commence à collaborer avec intelligence au vaste plan de la Divinité.

Pour qui désirerait plus de détails sur ce sujet, le meilleur ouvrage à consulter est celui de Mrs. Besant : *Thought Power, its control and culture.*

CHAPITRE X

Le lecteur attentif a déjà dû voir combien ces con‑
ceptions théosophiques changent profondément l'as‑
pect de la vie pour qui s'est une fois convaincu de
leur vérité; il a vu également, par ce que nous avons
écrit, et le sens de ces changements d'aspect et les
raisons qui les motivent.

La Théosophie nous fournit une explication ra‑
tionnelle de cette existence qui, auparavant, pour
un si grand nombre d'entre nous, n'était qu'un
problème insoluble, une énigme sans réponse. Elle
nous fait connaître, la Théosophie, et pourquoi
nous sommes sur cette terre, et ce que nous y devons
faire, et quelle méthode de travail employer pour le
faire. Si peu digne d'être vécue que nous paraisse
la vie, lorsque nous n'envisageons que les tristes
plaisirs et les pauvres avantages qu'elle nous procure
sur le plan physique, la Théosophie nous montre le
grand bienfait que nous avons reçu avec elle si
nous la considérons comme l'école qui nous pré‑

parera aux gloires indescriptibles et aux infinies
potentialités des plans supérieurs.

A la clarté des enseignements théosophiques nous
découvrons non seulement la manière de nous développer nous-mêmes, mais encore la manière d'aider au développement de notre prochain ; celle de
nous rendre plus utiles, par nos pensées et par nos
actes, d'abord au petit cercle de ceux de nos frères
qui sont plus directement mêlés à notre vie ou que
nous aimons le plus; et ensuite, par degrés, à mesure que notre pouvoir augmente, à la race humaine
tout entière. De tels sentiments, de tels pensers
habituels nous placent à un niveau plus élevé,
d'où nous voyons clairement combien étroites et
méprisables étaient les préoccupations personnelles
qui surchargaient notre vie passée. Inévitablement
nous commençons à envisager les choses non plus
au point de vue de leur influence sur notre infime
personnalité, mais au point de vue plus large de
leur action sur l'ensemble de la race humaine.

Les soucis et les chagrins divers que nous devons
subir ne nous paraissent bien souvent aussi déme-
surés que parce qu'ils sont trop près de nous; ils
obscurcissent notre horizon tout entier comme une
assiette tenue près de nos yeux éclipserait le soleil.
Cela nous fait oublier souvent que « le fond de
l'existence est un repos céleste ». L'enseignement
théosophique remet tout au point ; il nous permet
de nous élever au-dessus des nuages, de regarder
de haut et d'apprécier ainsi le véritable aspect de

tout ce que nous voyions si mal lorsque nous le
considérions d'en bas et de trop près. Il nous apprend à dépouiller notre personnalité inférieure et
à rejeter en même temps qu'elle ce cortège d'illu-
sions et de préjugés qui l'accompagnent, ainsi que
le prisme trompeur à travers lequel nous regardions la vie; il nous élève à un niveau où l'égoïsme
ne peut plus respirer, où nous ne comprenons plus
qu'une règle de conduite : pratiquer la justice pour
l'amour de la justice ; où notre plus grande joie
enfin ne saurait être que d'aider nos frères.

Et c'est une vie de joies intenses qui s'ouvre à
présent devant nous. A mesure que l'homme évolue,
son pouvoir de sympathie et de compassion augmente; il devient de plus en plus sensible à la tristesse, aux souffrances, aux fautes qui assombrissent
l'univers. Et pourtant, en même temps, il voit de
plus en plus clairement la cause de ces souffrances,
il comprend de mieux en mieux qu'en dépit de
cette souffrance même, toute la création œuvre en
vue du bien final de la création. Et c'est ainsi que
s'épand en nous la joie profonde, l'absolue sécurité,
fille de la certitude où nous sommes que tout est
pour le mieux ; et aussi la paix radieuse que nous
puisons dans la contemplation du Logos et dans le
spectacle de cet accomplissement paisible, progressif
et infaillible du plan qu'il a tracé à l'univers. Nous
savons que Dieu veut que nous soyons heureux et que
notre devoir le plus strict est par conséquent d'être
heureux, d'épancher tout autour de nous, sur nos

frères, des vagues de bonheur, puisque aussi bien c'est un des moyens qui nous sont donnés d'alléger la tristesse du monde.

Dans la vie ordinaire, une grande aggravation des souffrances d'un homme vient souvent de ce qu'il s'imagine souffrir injustement. Que de fois n'entend-on pas gémir : « Pourquoi suis-je en butte à toutes ces infortunes ? Voici mon voisin, qui n'est pas meilleur que moi. Pourtant il n'est pas malade, il n'a pas perdu ses amis, sa fortune. Pourquoi donc suis-je si malheureux ? »

La Théosophie préserve ceux qui l'étudient d'une pareille erreur, car elle leur a tout d'abord enseigné que jamais souffrance imméritée ne fut envoyée à un homme. Les douleurs que nous avons à supporter, quelles qu'elles soient, ne sont que des dettes contractées par nous et qu'il faut payer tôt ou tard. Le plus tôt est donc le mieux. Et ce n'est pas tout. Chacune de ces douleurs nous offre une occasion de nous développer. Si nous supportons patiemment, courageusement, notre peine, sans nous laisser abattre par elle, mais en essayant au contraire de tirer le meilleur parti possible de cette épreuve, alors nous accroissons en nous de précieuses qualités : le courage, la persévérance, la détermination ; et de la sorte nous récoltons la moisson du bien dans le champ même qu'avaient ensemencé nos péchés d'autrefois.

Nous l'avons déjà dit, toute crainte de la mort est entièrement dissipée par l'enseignement théoso-

phique, puisque cet enseignement explique clairement ce qu'est la mort. Le théosophe cesse de se
lamenter sur le sort de ceux qui sont partis avant
lui. Ne sait-il pas qu'ils sont toujours à ses côtés
et que donner cours à une douleur égoïste ne pourrait
être pour eux qu'une cause de tristesse et de ma-
laise ? Comment en serait-il autrement ? Comment
un chagrin désordonné ne réagirait-il pas doulou-
reusement sur ces êtres qui sont aussi près de lui
que jamais, joints à lui par une sympathie plus
ardente que jamais ?

Est-ce à dire que la Théosophie préconise l'oubli des
morts ? Loin de là. Elle conseille tout au contraire
de penser aux morts aussi souvent que possible,
mais jamais avec une tristesse égoïste, jamais avec
le désir de les ramener à la vie terrestre, jamais avec
le sentiment de leur perte apparente; toujours avec
la pensée du grand avantage qui leur est échu. La
Théosophie affirme que de fortes pensées d'amour
sont pour les vivants un puissant moyen de favoriser
l'évolution des morts et que, si nous voulons penser
à eux raisonnablement et comme il convient, nous
pouvons leur venir en aide très utilement dans leur
développement posthume.

Une étude consciencieuse de ce qu'est une existence humaine, d'une incarnation à l'incarnation
suivante, montre combien petite est la durée de la
vie physique en comparaison du cycle tout entier.
Prenons le cas d'un homme d'une éducation et d'une
instruction moyennes dans une quelconque des races

supérieures. La durée d'une seule vie — je veux dire d'un seul des jours de sa véritable vie — cette durée serait en moyenne de cinq cents ans environ. Sur ce demi-millénaire, soixante-dix ou quatre-vingts ans peut-être seront remplis par la vie physique, quinze ou vingt ans par la vie sur le plan astral ; le reste du temps revient à la vie dans le monde céleste, qui est donc, de beaucoup, la partie la plus importante de l'existence de l'homme. Ces proportions, bien entendu, varient considérablement suivant les différents types humains, et quand, en particulier, nous arrivons à considérer les âmes les plus jeunes, incarnées soit dans les races inférieures, soit dans les classes inférieures de notre propre race, nous trouvons que la proportion est complètement changée: la vie astrale devenant beaucoup plus longue et la vie céleste beaucoup plus courte. Dans le cas d'un sauvage véritable, il n'y a pour ainsi dire pas de vie céleste, cet homme n'ayant encore développé en lui aucune des qualités qui nous permettent d'atteindre le plan correspondant.

La connaissance de tous ces faits nous donne de l'avenir une vue nette et assurée qui nous soulage délicieusement du vague et de l'indécision où flotte ordinairement la pensée sur de tels sujets. Il serait impossible à un théosophe d'éprouver la moindre appréhension par rapport à son « salut » par exemple ; car il sait bien qu'il n'est rien dont l'homme ait à *se sauver*, si ce n'est de sa propre ignorance ; et il considérerait comme un monstrueux blasphème de redouter que la volonté du Logos ne soit pas un jour accomplie pour la totalité de ses enfants.

Le théosophe n'a point une vague « espérance éternelle », mais il possède une absolue certitude, parce qu'il connaît l'éternelle loi ; et il ne peut pas craindre l'avenir, précisément parce qu'il le connaît aussi. Son seul souci est donc de se rendre digne de collaborer au grand œuvre de l'évolution. Il peut bien se faire, à la vérité, que toute coopération importante lui soit interdite pour le moment. Cependant il n'est personne qui ne puisse faire quelque petite chose, tout près de soi, tout autour de soi, dans son petit cercle, si bas que l'on soit placé.

Il n'est pas un homme qui n'ait des occasions de travailler et partant de se développer, car tout contact, tout rapport est une de ces occasions. Entrons-nous en relations avec quelqu'un, que ce soit un enfant qui naît dans notre famille, un ami qui vient dans notre entourage, un domestique qui prend du service chez nous ; voilà autant d'âmes que nous pouvons aider, autant d'occasions qui nous sont offertes d'une façon ou d'une autre. Je ne prétends pas un seul instant, remarquez-le bien, qu'il nous faille, à l'instar de quelques-uns de nos amis pieusement ignorants et maladroits, chercher à inculquer nos idées et nos convictions à quiconque entrera en rapports avec nous. Certes, non ; je dis seulement que nous devrons être constamment prêts à aider tous ceux qui auraient besoin de notre secours.

Nous veillerons attentivement à ne jamais laisser échapper une occasion de rendre service à quelqu'un, soit matériellement autant qu'il sera en notre pouvoir, soit en faisant part de ce que nous savons si l'on désire profiter de nos conseils ou de nos connaissances. Dans bien des cas il nous est impossible d'aider notre prochain par nos actes ou par nos paroles ; mais il n'est pas une occasion où nous ne puissions émettre quelque amicale et sympathique pensée, et nul de ceux qui connaissent le pouvoir de ces courants spirituels ne doutera du résultat, lors même qu'il n'apparaîtrait pas immédiatement visible sur le plan physique.

Le théosophe devrait se distinguer du reste de l'humanité par son inaltérable gaîté, son courage invincible au milieu de toutes les difficultés et sa sympathie toujours en éveil et prête à rendre service. Assurément sa gaîté ne l'empêchera pas de prendre la vie au sérieux, de comprendre que, dans le monde, il y a beaucoup à faire pour chacun et que personne n'a de temps à perdre. Il sentira qu'il est nécessaire d'obtenir un parfait empire sur soi-même et sur ses différents véhicules, parce que l'on ne peut que par ce moyen se préparer à aider ses frères quand l'occasion s'en présentera. Il choisira toujours la pensée la plus haute de préférence à la plus basse ; la plus noble de préférence à la plus terre à terre. Voyant le bien en toutes choses il sera parfaitement tolérant. Il préférera délibérément les explications optimistes aux explications pes-

simistes ; il verra toujours le côté consolant des
choses et non leur côté triste, car il ne peut oublier
que le bien est le germe, la matière et la fin de la
vérité même, tandis que le mal n'est qu'une ombre
temporaire qui s'effacera forcément puisque le bien
seul peut subsister.

Le théosophe cherchera donc le bien partout, pour
lui prêter le secours de sa faiblesse ; il essaiera de
démêler en toute chose le sens de l'action de la grande
loi évolutive afin de pouvoir œuvrer lui aussi suivant
la même direction, contribuant de toute son énergie,
si infime soit-elle, à favoriser le puissant courant des
forces cosmiques. Ainsi, tâchant toujours de l'aider,
ne s'exposant jamais à la contrecarrer, il deviendra,
dans son humble sphère d'action, un des pouvoirs
bienfaisants de la Nature. Si minime que puisse
être sa contribution, si indiciblement lointain que
soit le faible secours qu'il apporte, il n'en devient
pas moins un collaborateur de Dieu, et c'est là le
plus grand honneur, le plus sublime privilège dont
puisse jamais être gratifié un homme.

SOCIÉTÉ THÉOSOPHIQUE

La vérité est la plus haute des religions.

BUTS DE LA SOCIÉTÉ

Former le noyau d'une Fraternité de tous les hommes, sans distinction de race, de religion, de sexe, de caste ou de couleur.

Encourager l'étude des religions comparées, de la philosophie et de la science.

Étudier les lois inexpliquées de la Nature et les pouvoirs latents de l'homme.

Les personnes qui désireraient se renseigner sur la Société théosophique sont priées de vouloir bien s'adresser à l'un ou à l'autre des secrétaires généraux ci-dessous désignés :

ALLEMAGNE : *Docteur Rudolph Steiner*, 95, Kaiserallee, Friedenau, Berlin.

AMÉRIQUE : *Alexander Fullerton*, 46, Fifth Avenue, New-York.

AUSTRALIE : *H.-A. Wilson*, 42, Margaret Street, Sydney, N. S. W.

FRANCE : *Docteur Th. Pascal*, 59, avenue de La Bourdonnais, Paris.

GRANDE-BRETAGNE : *Bertram Keightley*, M. A., 28, Albermarle Street, London, W.

HINDOUSTAN : *Upendra Nath Basu, B. A., I. L. B.*, Bénarès, N. W. P.

HOLLANDE : *W.-B. Fricke*, 76, Amsteldijk, Amsterdam.

ITALIE : *Capitaine Oliviero Boggiani*, 53, Via delle Muratte, Rome.

NOUVELLE-ZÉLANDE : *C.-W. Sanders*, Mutual Life Buildings, Lower Queen Street, Auckland.

PAYS SCANDINAVES : *Arvid Fnös*, 7, Engelbrechtsgatan, Stockholm.

La Société théosophique est composée de chercheurs qui peuvent, soit appartenir à l'une quelconque des religions connues. soit n'appartenir à aucune religion, mais qui sont unis entre eux par l'approbation qu'ils donnent aux buts ci-dessus énumérés ; par leur désir de mettre un terme aux antagonismes religieux et de rapprocher les uns des autres tous les hommes de bonne volonté, à quelque confession qu'ils appartiennent ; enfin par leur volonté d'étudier les vérités religieuses et de partager avec leurs frères le fruit de leurs travaux. Ils ont pour trait d'union non point une profession de foi commune mais une commune aspiration vers la vérité, une commune recherche de cette vérité. C'est par l'étude, pensent-ils, par la réflexion, par une vie pure et par le dévouement à un sublime idéal que l'on peut obtenir la vérité. Elle est une récompense qu'il faut mériter par ses efforts ; elle n'est point un dogme que l'on doive imposer avec autorité. Les membres de la Société théosophique estiment que toute croyance doit résulter d'une étude ou d'une intuition individuelles, bien loin de pouvoir les précéder ; qu'elle doit reposer sur la connaissance et non sur des affirmations. A tous, même aux intolérants, ils étendent leur vaste tolérance, et cela non pas comme une faveur qu'ils accorderaient mais comme un devoir qu'ils ont à rendre; ils cherchent à dissiper l'ignorance, non à la punir. Considérant chaque religion comme une expression particulière de la sagesse divine, ils aiment mieux l'étudier que la condamner, comme ils préfèrent aussi la voir pratiquer plutôt que propager avec un esprit de prosélytisme. La Paix est leur mot d'ordre; la Vérité, leur objectif.

La Théosophie est le corps de vérités qui forme l'ossature de toutes les religions et dont aucune d'entre elles ne peut revendiquer la propriété exclusive. Elle nous expose une philosophie qui rend intelligible la vie et fait voir que notre évolution est guidée par la justice et l'amour. Elle remet la mort à sa vraie place d'incident périodique dans une vie sans fin; elle nous la montre ce qu'elle est : la porte d'une existence plus active et plus radieuse. Elle restitue au monde la véritable science spirituelle, nous faisant connaître que l'esprit, c'est vraiment nous-mêmes, et que l'âme et le corps sont les serviteurs de l'esprit. Elle illumine les écritures et les doctrines des différentes religions en en dévoilant les significations cachées, et de la sorte elle les justifie devant le tribunal des intelligences comme elles sont justifiées et l'ont toujours été aux yeux de l'intuition.

Les membres de la Société théosophique étudient toutes ces vérités, et les Théosophes s'efforcent de les vivre. Quiconque veut étudier, être tolérant, avoir un idéal élevé et travailler avec persévérance sera le bienvenu parmi les membres de la Société; et ensuite il appartient à chaque membre de devenir un véritable Théosophe.

INDEX

DES OUVRAGES THÉOSOPHIQUES
CITÉS PAR L'AUTEUR

Besant (Mrs Annie).
— ANCIENT WISDOM, 1 vol., 1897.
  Traduction française : *La Sagesse antique*, 1899.
— BIRTH AND EVOLUTION OF THE SOUL, 1 vol., 1896.
— DEATH AND AFTER, 1 vol., 1893.
— ESOTERIC CHRISTIANITY, 1 vol., 1901.
  Trad. franç : *Le Christianisme Ésotérique*, 1 vol., 1903.
— IN THE OUTER COURT, 1 vol., 1898.
  Traduction française : *Vers le Temple*, 1 vol., 1900.
— KARMA, 1 vol., 1897.
  Traduction française : *Karma*, 1 vol., 1899.
— MAN AND HIS BODIES, 1 vol., 1896.
  Traduction française : *L'Homme et ses Corps*, 1 vol., 1899.
— REINCARNATION, 1 vol., 1898.
— THE OTHER SIDE OF DEATH, 1 vol, 1896.
— THE PATH OF DISCIPLESHIP, 1 vol., 1896.
  Traduction française : *Le Sentier du Disciple*, 1 vol., 1900.
— THE SELF AND ITS SHEATS, 1 vol., 1895.
— THE SEVEN PRINCIPLES OF MAN, 1 vol., 1892.
— THOUGHT POWER, ITS CONTROL AND CULTURE, 1 vol., 1902.
  Traduction française : *Le Pouvoir de la Pensée*, dans la

Revue théosophique française, nᵒˢ d'avril à décembre 1902.
Blavatsky (H.-P.).
— THE SECRET DOCTRINE (2ᵉ édition), 4 vol., 1893.

Le tome I a été traduit en 2 volumes français sous ce titre : *La Doctrine secrète*.

Le tome II est en cours de publication dans la *Revue théosophique française*.
Hinton (C.-H.).
— SCIENTIFIC ROMANCES, 2 vol., 1886.
Leadbeater (C.-W.).
— CLAIRVOYANCE, 1 vol., 1899.

Traduction française : *Clairvoyance*, dans le *Lotus Bleu*, nᵒˢ du 27 mai au 27 novembre 1901.
— INVISIBLE HELPERS, 1 vol., 1899.

Traduction française : *Les Aides Invisibles*, 1 vol., 1902.
— MAN VISIBLE AND INVISIBLE, 1 vol., 1903.

Traduction française : *L'Homme visible et invisible*, in-8, orné de 26 planches coloriées, 1 vol., 1903.
— THE ASTRAL PLANE, 1 vol., 1898.

Traduction française : *Le Plan astral*, 1 vol., 1899.
— THE CHRISTIAN CREED, 1 vol., 1899.

Traduction française : *Le Credo chrétien*, 1 vol., 1903.
— THE DEVACHANIC PLANE, 1 vol., 1902.

Trad. française : *Le Plan Dévachanique*, dans le *Lotus Bleu*, numéros du 27 octobre 1897 au 27 juillet 1898.
Mead (G.-R.-S.).
— FRAGMENTS OF A FAITH FORGOTTEN, 1 vol., 1900.
— ORPHEUS, 1 vol., 1896.
Muller (Max).
— THEOSOPHY OR PSYCHOLOGICAL RELIGION, 1 vol., 1892.
Sinnett (A.-P.).
— ESOTERIC BUDDHISM, 1 vol., 1885.

Traduction française : *Le Bouddhisme ésotérique*, 1 vol., 1890.
— GROWTH OF THE SOUL, 1 vol., 1896.

Traduction française : *Le Développement de l'Ame*, 1 vol., 1902.

LISTE DE QUELQUES AUTRES LIVRES

ÉCRITS OU TRADUITS EN FRANÇAIS ET CONSTITUANT UN

COURS GRADUÉ D'ENSEIGNEMENT THÉOSOPHIQUE

OUVRAGES ÉLÉMENTAIRES

ANNIE BESANT. — *Introduction à la Théosophie* . . . 0 40
Docteur TH. PASCAL. — *A. B. C. de la Théosophie.* . 0 50
— *La Théosophie en quelques chapitres.* 0 50
— *La Sagesse antique à travers les âges.* . . . . . . 1 »
D. A. COURMES. — *Questionnaire théosophique* . . . . 1 »
ARNOULD. — *Les Croyances fondamentales du Boud-*
dhisme. . . . . 1 »
AIMÉE BLECH. — *A ceux qui souffrent* . . . . 1 »

OUVRAGES D'INSTRUCTION GÉNÉRALE

J.-C. CHATTERJI. — *La Philosophie ésotérique de l'Inde* 1 50
ANNIE BESANT. — *La Sagesse antique,* 2 vol. . . . . 5 »
Docteur TH. PASCAL. — *Essai sur l'Évolution humaine* 3 50
A.-P. SINNETT. — *Le Bouddhisme ésotérique.* 3 50
— *Le Développement de l'âme.* . . . . 5 »

OUVRAGES D'INSTRUCTION SPÉCIALE

ANNIE BESANT. — *L'Homme et ses Corps.* 1 50
— *Évolution de la Vie et de la Forme.* 2 50
— *Dharma.* . . . . 1 »

OUVRAGES D'ORDRE ÉTHIQUE

REVUE THÉOSOPHIQUE FRANÇAISE

LE LOTUS BLEU

Prix du n° : 1 fr. — Abonn' : France, 10 fr. ; — Étranger, 12 fr.

PUBLICATIONS THÉOSOPHIQUES

PARIS, 10, rue Saint-Lazare.

SOCIÉTÉ THÉOSOPHIQUE

Siège de la Section française, 59, avenue de La-Bourdonnais.

PARIS

EN VENTE A LA MÊME LIBRAIRIE

17-12-02. — Tours, Imp. E. Arrault et Cie

www.ingramcontent.com/pod-product-compliance
Lightning Source LLC
Chambersburg PA
CBHW060641100426
42744CB00008B/1715